Conforto Espiritual 2

Conforto Espiritual 2

1-6-06-5.000

Direção editorial: **Flávio Machado**
Assistente editorial: **Dirce Yukie Yamamoto**
Chefe de arte: **Marcio da Silva Barreto**
Capa: **Flávio Machado**
Diagramação: **Ricardo Brito**
Revisão: **Maria Aiko Nishijima**
Fotolito da capa: **Digigraphic**
Impressão: **SERMOGRAF – Artes Gráficas e Editora Ltda.**

Dados Internacionais de Catalogação na Publicação (CIP)
(Câmara Brasileira do Livro, SP, Brasil)

Carvalho, Vera Lúcia Marinzeck de.
Conforto espiritual 2 / Vera Lúcia Marinzeck de Carvalho.
– São Paulo : Petit, 2006.

ISBN 85-7253-141-6

1. Auto-ajuda – Técnicas 2. Espiritismo 3. Orientação espiritual I. Título.

06-3771 CDD: 133.9

Índices para catálogo sistemático:
1. Orientação espiritual: Espiritismo 133.9

Impresso no Brasil, no inverno de 2006.

Prezado leitor(a),

Caso encontre neste livro alguma parte que acredita que vai interessar ou mesmo ajudar outras pessoas e decida distribuí-la por meio da internet ou outro meio, nunca deixe de mencionar a fonte, pois assim estará preservando os direitos do autor e conseqüentemente contribuindo para uma ótima divulgação do livro.

Conforto Espiritual 2

Vera Lúcia Marinzeck de Carvalho

petit editora

Rua Atuaí, 383/389 – Vila Esperança/Penha
CEP 03646-000 – São Paulo – SP
Fone: (0xx11) 6684-6000
Endereço para correspondência:
Caixa Postal 67545 – Ag. Almeida Lima
03102-970 – São Paulo – SP

www.petit.com.br | petit@petit.com.br

Livros da médium
VERA LÚCIA MARINZECK DE CARVALHO

Da própria médium:

- *Conforto Espiritual*
- *Conforto Espiritual 2*

Psicografados:

Com o Espírito Antônio Carlos

- *Reconciliação*
- *Cativos e Libertos*
- *Copos Que Andam*
- *Filho Adotivo*
- *Reparando Erros de Vidas Passadas*
- *A Mansão da Pedra Torta*
- *Palco das Encarnações*
- *Histórias Maravilhosas da Espiritualidade*
- *Muitos São os Chamados*
- *Reflexos do Passado*
- *Aqueles Que Amam*
- *O Diário de Luizinho* (infantil)
- *Novamente Juntos*
- *A Casa do Penhasco*
- *O Mistério do Sobrado*
- *O Último Jantar*
- *O Jardim das Rosas*
- *Morri! E Agora?*
- *O Sonâmbulo*
- *Sejamos Felizes*
- *O Céu Pode Esperar*
- *Ah, Se Eu Pudesse Voltar no Tempo!*

Com o Espírito Patrícia

- *Violetas na Janela*
- *A Casa do Escritor*
- *Vivendo no Mundo dos Espíritos*
- *O Vôo da Gaivota*

Com o Espírito Rosângela

- *Nós, os Jovens*
- *A Aventura de Rafael* (infantil)
- *Aborrecente, Não. Sou Adolescente!*
- *O Sonho de Patrícia* (infantil)
- *Ser ou Não Ser Adulto*
- *O Velho do Livro* (infantil)
- *O Difícil Caminho das Drogas*
- *Flores de Maria*

Com o Espírito Jussara

- *Cabocla*

Com espíritos diversos

- *Valeu a Pena!*
- *O Que Encontrei do Outro Lado da Vida*
- *Deficiente Mental: Por que Fui Um?*

Livros em outros idiomas

- *Violets on the Window*
- *Violetas en la Ventana*
- *Violoj sur Fenestro*
- *Reconciliación*
- *Deficiente Mental: ¿Por que Fui Uno?*
- *Viviendo en el Mundo de los Espíritus*

dedicatória

Se não houvesse vocês, leitores, nós não existiríamos como escritores. Fazemos parte de um grupo de espíritos que se completam, pois comungamos o mesmo ideal: instruir e ser instruídos.

Agradecemos a Deus por vocês existirem, porque somente assim realizamos a tarefa mais importante de nossas vidas, que é escrever.

Dedicamos este livro a todos vocês com muito amor e carinho.

ANTÔNIO CARLOS E VERA LÚCIA

sumário

alcoolismo

Toda semana leio sua coluna. Sou casada há dez anos e meu marido é alcoólatra. Cada dia que passa, a situação se agrava mais. Ele chega embriagado todo dia e já fiz de tudo para ajudá-lo. Não adianta, acabamos discutindo e ele não deixa o vício. O pior é que ele tem um barzinho e já começa a beber desde a hora em que o abre. Minha vida é um tormento, tenho que trabalhar para manter a casa. Já li quase todos os seus livros. Por favor, se puder me dar uma orientação ficarei muito agradecida.

I. G., SÃO PAULO/SP

QUERIDA LEITORA, COMPREENDO QUE SUA VIDA não tem sido fácil. Quando existe um alcoólatra ou um dependente químico numa casa, todos os que nela residem sofrem muito.

Seu marido é um doente que necessita de urgente tratamento. Diz você que já tentou de tudo. Será que já procurou auxílio nos Alcoólicos Anônimos? Nessa instituição, também orientam os familiares dos viciados. Instruem como devemos tratá-los para ajudá-los. Se ainda não os procurou, tente. Essa organização é maravilhosa.

Insista para o seu marido freqüentar suas reuniões. Para encorajá-lo, disponha-se a acompanhá-lo.

Considere a possibilidade de permanecer mais algum tempo ao lado dele. Quando ele estiver sóbrio, abra seu coração: converse abertamente, sem nada esconder. Peça, carinhosamente, que ele pare de beber. Exponha sua preocupação com o seu estado de saúde, que se agrava a cada dia, por causa da bebida. Dê a ele todo seu o amor e apoio. Talvez ele deva mudar de ramo ou profissão. Longe do bar, sua recuperação será mais fácil. Insista nisso!

Peça ajuda aos familiares de seu marido, pois provavelmente vai ser necessário interná-lo numa clínica, para desintoxicá-lo. Não esconda seu sofrimento diante dos parentes.

Se ele novamente recusar ajuda, é seu direito afastar-se para ter sossego e ser feliz. Quem sabe, diante da possibilidade da separação, com medo de perdê-la, ele não reaja positivamente, entendendo que deve abandonar a bebida?

No livro *O difícil caminho das drogas**, Rosângela, sua autora espiritual, aborda, de um modo geral, os problemas dos vícios. O viciado é uma pessoa doente, cuja vontade está enfraquecida por várias razões. Diante das naturais dificuldades da vida, muitos se apegam à bebida ou às drogas, buscando uma compensação para suas frustrações. Essa atitude errada, que devemos compreender e não julgar, abre um campo para influências espirituais muito negativas, que dificultam a recuperação dessas pessoas.

* Veja no final deste volume mais informações sobre este livro. (Nota do Editor)

No livro de Rosângela, lá no mundo espiritual, um instrutor esclarece seus alunos: "Quando desencarnamos, podemos por afinidade, merecimento, ir para lugares de paz, abrigos onde continuaremos a aprender a ser úteis; como também podemos ir para lugares tristes, onde o aprendizado se faz pela dor, que são os umbrais; ou podemos vagar, ficar entre os encarnados, e alguns iludidos fazem isso, pensam que ainda estão usando o corpo físico, acham que estão encarnados; são quase sempre pessoas que eram apegadas à matéria e não sabem que mudaram de plano. Há desencarnados que sabem de seu estado e gostam de estar entre os encarnados usufruindo das mesmas coisas usufruídas anteriormente. Alguns desencarnados se desesperam com a falta daquilo em que se viciaram, seja álcool, sejam tóxicos, e podemos ver que alguns até por tabagismo ficam perto de usuários para ter a sensação de que estão usando".

Medite ainda sobre a afirmação de Jesus: "Bem-aventurados os que choram, pois serão consolados" (Mateus, 5: 5). Não perca a esperança de recuperar aquele que não está ao seu lado por acaso... Não se esqueça de orar, buscando forças na prece para vencer essa provação. Cuide também de você, de sua saúde, de seu bem-estar. Que Deus a proteja.

alma dos animais

Embora seja católica, interesso-me bastante pela Doutrina Espírita. Sou apaixonada por animais, especialmente por cachorros. Há algum registro, alguma informação sobre animais terem alma? Se puder me indicar algum livro, serei grata.

MARA, SÃO PAULO/SP

AGRADEÇO SEU CARINHO E ELOGIOS, QUE ENtendo como incentivo para continuar meu trabalho. Em relação à sua dúvida, encontramos esclarecimentos em *O Livro dos Espíritos**, de Allan Kardec, que destaca o seguinte: "é também uma alma, se quiserdes, depende do sentido que se dá a essa palavra, mas é inferior à do homem. Há entre a alma dos animais e a do homem tanta distância quanto há entre a alma do homem e Deus". Seres em evolução, sobrevivem à perda do corpo, habitam a espiritualidade e muitos deles ajudam os espíritos socorristas. Outros vivem tranqüilos em lindos bosques e também junto daqueles que desencarnaram no período da infância, brincando com esses espíritos que se encontram amparados, em fase de recuperação.

* Veja no final deste volume mais informações sobre este livro. (N.E.)

Tudo é obra de Deus, e os animais fazem parte da criação. Devemos cuidar bem deles. Quando os maltratamos, cometemos uma crueldade, a qual nos causará uma reação de dor para aprendermos a não agir cruelmente contra ninguém, respeitando também os animais...

Eurípedes Kühl, em seu livro *Animais, nossos irmãos**, nos fala da vida dos animais em planetas mais evoluídos. Em Júpiter, por exemplo, "todos são úteis; são servidores e operários, inclusive construindo casas; ligam-se a uma família, em particular". Com certeza, suas dúvidas serão esclarecidas nesse livro, que explica a origem, a natureza e a evolução dos animais à luz do Espiritismo.

* Veja no final deste volume mais informações sobre este livro. (N.E.)

alma gêmea

Sou fã número um da Patrícia. Sei de cor alguns trechos de seus livros. O que eu mais gostei foi A casa do escritor*, *onde ela conta sua outra existência e o seu carinho por Frederico. Tenho 34 anos e nunca tive um relacionamento sério. Sinto que amo alguém distante. Será que o meu amor está no plano espiritual? Será que a senhora pode me responder ou explicar isso?*

SÔNIA, RIO DE JANEIRO/RJ

PREZADA SÔNIA, AO CONHECER E COMPREENDER a reencarnação, reconhecemos a amplidão da justiça e da misericórdia divina. Deus, nosso Pai, não nos castiga por causa de erros que cometemos; ao contrário, concede-nos a oportunidade de repará-los, retornando ao convívio daqueles a quem amamos e também junto daqueles a quem prejudicamos.

Na condição em que nos encontramos, vivemos períodos alternados, encarnados na Terra e desencarnados no mundo dos espíritos. Nessas idas e vindas,

* Veja no final deste volume mais informações sobre este livro. (N.E.)

seguindo os ensinamentos de Jesus, evitaremos prejudicar a quem quer que seja e, principalmente, a nós mesmos. "Amai-vos uns aos outros", recomendou o Mestre.

Nessa trajetória voltada para o bem, o número de nossos amigos aumentará cada vez mais, até o dia em que, finalmente, seremos capazes de amar a humanidade, vendo em todas as pessoas nossos irmãos em espírito.

Sendo assim, é possível que alguns de seus amigos estejam encarnados e outros no plano espiritual. Mas não é por acaso que você está na Terra. Há muitos motivos para isso. O principal deles certamente é para praticar o bem, aumentando o número de seus afetos... É possível que se encontrem no plano espiritual alguns daqueles a quem você tanto estima. É claro que também há razões para tanto. Recomendo que não se preocupe com isso. Procure viver no bem e seja feliz com quem convive.

Para entender melhor os laços de simpatia que nos unem, neste e no outro lado da vida, leia *O Livro dos Espíritos**, de Allan Kardec. Nesse livro, nas questões 291 a 303, descobrimos que "não existe união particular e fatal entre duas almas" e que a teoria das metades eternas é apenas uma imagem que representa a união de dois espíritos afins. Não devemos, portanto, levar ao pé da letra a expressão "alma gêmea", conceito mais adequado à poesia, quando expressa o encontro de espíritos afins, sintonizados nos mesmos ideais e propósitos. Não é bom caminhar só, é sempre agradável a companhia de um ente querido.

---

* Veja no final deste volume mais informações sobre este livro. (N.E.)

O livro que você mencionou, *A casa do escritor**, do Espírito Patrícia, é realmente uma leitura muito agradável e esclarecedora, que destaca o apoio da espiritualidade àqueles que se dedicam a produzir literatura que esclarece, orienta e consola as pessoas, ajudando-as a melhorar e a construir, ao seu redor, um mundo melhor. O reencontro de Patrícia com Frederico é emocionante, uma prova de que o amor é para sempre, não reconhecendo barreiras no tempo ou no espaço. Comovida, agradeço o seu carinho. Um abraço!

* Veja no final deste volume mais informações sobre este livro. (N.E.)

Há anos eu venho procurando uma pessoa, como se diz na linguagem popular, a minha alma gêmea. Estou precisando de ajuda espiritual.

C. A. S., Santos/SP

REALMENTE É DIFÍCIL VIVER SEM UM AFETO, UM compromisso sentimental, mas essa não deve ser nossa única prioridade de vida. A convivência com os familiares, os amigos, os colegas de trabalho profissional, de estudo e de lazer é igualmente importante para o nosso bem-estar espiritual. Uma vida saudável e equilibrada exige que saibamos dividir o nosso tempo e atenção convivendo fraternalmente com todas as pessoas que nos rodeiam.

A crença em "almas gêmeas" não encontra fundamento no Espiritismo. Não existe a união particular e fatal entre dois espíritos. Se um espírito fosse a metade de outro, quando separados estariam incompletos... Se um tivesse de completar o outro, perderia sua individualidade. Na verdade, o que acontece, muitas vezes, é a atração entre espíritos simpáticos que se sentem felizes quando estão juntos. Por isso, a expressão "alma gêmea" não deve ser considerada ao pé da letra. Significa, simplesmente, a união de espíritos afins, reunidos em torno dos mesmos propósitos e ideais e que, naturalmente, se atraem.

Assim, não se entregue à ansiedade e ao sofrimento por causa da solidão. Saia de casa, vá passear, distraia-se, para não se sentir tão sozinho. Participe de um trabalho voluntário, ajudando sua comunidade. Lembre-se de que a gratidão do próximo preenche o coração de alegria e nos dá nova motivação para viver. Nos livros espíritas, você encontrará orientação e explicações que o ajudarão a renovar atitudes e a viver melhor. Freqüente um centro espírita. Nessa casa, os passes, a assistência espiritual e as palestras o aproximarão de pessoas que poderão ajudá-lo, desde que exponha suas dúvidas e dificuldades.

Desejo-lhe muitas felicidades.

assédio sexual

Fui mãe solteira, aos 19 anos, de uma linda menina. Quando ela estava com oito anos, arrumei um companheiro. Parecia tudo dar certo. Um dia, cheguei em casa e ele estava assediando minha filha, ela tinha 12 anos. Separei-me dele e nós duas passamos por dificuldades e recebemos tratamento psicológico. O Espiritismo nos ajudou muito, mas a minha filhinha é uma garota triste. Como lidar com ela? Devo arrumar outro amor? O que a senhora indica para ela ler?

R. S., São Paulo/SP

QUERIDA LEITORA, AINDA BEM QUE VOCÊ SE separou desse homem. Ele não as merecia. Você é jovem e tem todo o direito de ter um companheiro. Antes dessa decisão tão importante, que é morar com alguém, dividir seu destino com outra pessoa, analise melhor o seu parceiro. O bom senso recomenda que um relacionamento mais íntimo deve acontecer apenas depois de nos convencermos da seriedade e das boas intenções de quem está ao nosso lado.

Converse com sua filha. O diálogo é a melhor forma de entendimento. Ela precisa confiar em você e sentir-se amada. Acompanhe-a em seus passeios. Incentive-a a participar de atividades dedicadas à juventude no centro espírita que você freqüenta. Durante essas ocasiões, com certeza, ela vai encontrar boas companhias e ganhar novos amigos.

Depois da infância, que é um período em que nossos filhos ainda não têm plena consciência dos seus atos, o espírito retoma sua verdadeira personalidade. A convivência com os adolescentes pede, da nossa parte, maior atenção e compreensão. Os benfeitores espirituais preocupam-se em nos ajudar, trazendo até nós, por intermédio da mediunidade, literatura sadia e adequada a eles.

Um exemplo é o trabalho de Rosângela, que desencarnou ainda jovem e, por meu intermédio, escreveu bons livros para os adolescentes. Certo dia, o Espírito Antônio Carlos a acompanhou até minha casa e nos apresentou. Nos tornamos grandes amigas e, depois, companheiras de trabalho. Hoje, além de dedicar-se à literatura, Rosângela trabalha com as crianças e os jovens no plano espiritual.

Para sua filha ler, recomendo: *Nós, os jovens**, *Aborrecente, não. Sou adolescente!** e *Ser ou não ser adulto**. São livros muito especiais, que falam diretamente à juventude, explicando, por meio de histórias verídicas e muito comoventes, questões que interessam a todos os jovens. Seus personagens vivem situações dramáticas,

---

* Veja no final deste volume mais informações sobre este livro. (N.E.)

enfrentando o perigo das drogas, o aborto, a desilusão e a insegurança nos relacionamentos amorosos, a ameaça de doenças sexualmente transmissíveis, as dificuldades nos estudos e na vida familiar, desencarnação etc.

Para conhecer melhor os jovens e ajudá-los a vencer seus problemas, muitos pais e educadores também lêem os livros de Rosângela, neles encontrando pistas para contornar ou mesmo evitar sérias dificuldades, para as quais os bons espíritos sempre inspiram soluções.

Sua menina ainda é muito jovem. No futuro, conhecerá alguém que a fará feliz. Essa desilusão, que está sentindo agora em relação aos homens, vai passar. Não se preocupe. Diante do que aconteceu, é natural que se sinta assim, magoada, decepcionada. Ajude-a a compreender que também existem homens bons, honestos e, principalmente, que devemos, antes de cobrar a virtude dos outros, revelá-la em nós mesmos...

Lembre-se ainda de que, na condição de mãe, seu principal objetivo na vida é colaborar para a felicidade de sua filha. Que Deus as abençoe.

casa mal-assombrada

Tudo começou quando comprei uma casa. Já não gostei de ter fechado o negócio no dia 13 de agosto. A minha vida mudou. Doenças, o lado financeiro ficou pior, nada dava certo. Falava para o meu marido: vamos vender a casa e morar em outro lugar. Sempre que eu tocava no assunto, brigávamos. Parecia que alguma coisa nos prendia na casa. O pior estava por vir. Meu marido morreu de ataque fulminante. Fui enganada por um sócio e fechei meu comércio. Entrei em depressão. Fui à Casa André Luiz, em Santana, tomei passes, melhorei muito. Gostaria de saber se devo vender a casa. Quero começar uma vida nova. Tenho 56 anos.

I. L. F., São Paulo/SP

PREZADA LEITORA, EXISTEM LOCAIS DE BOAS energias, lugares de paz, oração e alegria, onde residiram pessoas de bem. Mas há também espaços ocupados por energias negativas em razão de acontecimentos desagradáveis ou trágicos que neles ocorreram.

Os objetos também podem impregnar-se dessas mesmas energias, tanto é que existem jóias que alguns dizem ser "malditas", que foram usadas por pessoas más ou por aqueles que se envolveram em tragédias.

Sentir o lado espiritual de um ambiente ou ler os fatos gravados num objeto é uma faculdade mediúnica conhecida no Espiritismo como "psicometria". Por onde passamos, deixamos as marcas da nossa individualidade, o nosso "rastro espiritual". Por intermédio dessas impressões, provocamos o mal-estar ou bem-estar nas pessoas...

Psicografei um romance do Espírito Antônio Carlos, *Copos que andam**, que explica bem esse assunto. Médiuns psicômetras são capazes de entrar numa casa e ver, sentir, o que ali se passou. Essas energias nos influenciam, principalmente as pessoas mais sensíveis. Isso acontece porque os maus pensamentos comprometem os fluidos espirituais, da mesma forma que a poluição prejudica o ar que respiramos, afetando nossa saúde. Os bons fluidos são gerados por pensamentos de paz, fraternidade, perdão, caridade etc. Pensar no bem também faz bem...

Existe ainda a possibilidade de que estejam em sua casa desencarnados que ainda não encontraram sua morada na espiritualidade. Esse é o caso de muitas pessoas que, ao perceberem o corpo físico morto, perturbam-se. Não entendem que a morte é apenas o término de um período físico. São apegadas àquilo que ainda julgam ser delas, não se afastando dos lugares em que viveram quando encarnadas. Não aceitam os novos moradores que, para elas, são intrusos... Com essa atitude causam sofrimento, transmitindo maus fluidos

* Veja no final deste volume mais informações sobre este livro. (N.E.)

aos encarnados, prejudicando-os. Continuamos a viver em espírito, e essa mudança é algo natural para todos. A não-aceitação dessa realidade acarreta problemas como esses e muitos sofrimentos.

No livro *Copos que andam**, Raquek, um espírito que encontrou a oportunidade de regenerar-se, explica: "Podem certas ervas, quando queimadas, ser tóxicas e incomodar espíritos maus e ociosos. Mas eles voltam depois, mais furiosos e rancorosos por terem sido expulsos. Só não entrava em lares onde a oração era sincera e *O Evangelho Segundo o Espiritismo** era estudado e vivido, deixando fluidos que faziam uma barreira pela qual [eu] não conseguia passar". Prosseguindo, diz que "com fluidos bons, torna-se insuportável, ali, a presença dos invasores de lares alheios, dos inescrupulosos que semeiam desgraças".

Todos esses problemas se resolverão a seu tempo, se você continuar freqüentando assiduamente o centro espírita. Lá, trabalhadores que fazem o bem, transmitindo passes, trocam energias negativas por outras benéficas. Se, porventura, em sua casa estiverem desencarnados desorientados, também receberão ajuda e serão conduzidos para a espiritualidade. Que Deus a abençoe.

* Veja no final deste volume mais informações sobre este livro. (N.E.)

deficiência

Doente há anos, fiquei cega. Tive uma tia-avó que era surda e faleceu há cinco anos. Gostaria de saber o que acontece com deficientes físicos quando morrem. Como eles são tratados na espiritualidade?

Maria de Fátima, Vitória/ES

MARIA DE FÁTIMA, AS DEFICIÊNCIAS FÍSICAS são imperfeições do corpo carnal. As deficiências ou doenças são, geralmente, uma oportunidade de nos livrarmos, espiritualmente, de mazelas e imprudências que cometemos, seja nesta existência, seja em outras reencarnações.

A reencarnação é uma oportunidade que Deus nos concede para progredir, reparar nossos erros e quitar dívidas. Se no presente nada fizemos de errado para sofrer uma reação de dor, isso também pode ser por causa das faltas que cometemos em outras vidas.

Compreendo sua tristeza. A cegueira é uma provação difícil. Tente viver da melhor forma possível e ame, Maria de Fátima. Aceite essa dificuldade com resignação. De certa forma, amando a cegueira, tudo transcorrerá melhor em sua vida.

Jesus nos ensinou que Deus, ao separar as ovelhas dos cabritos, indagará apenas "fez o bem ou não?". Isso significa que é somente por nossos atos que faremos por merecer estar bem ou não após a morte do corpo físico...

Merecendo socorro, seremos conduzidos para lugares lindos. Se não o merecermos, iremos para lugares tristes, sombrios... Essa permanência dolorosa vai durar apenas o tempo necessário para nos arrependermos, revendo nossas atitudes maldosas. Socorridos, iremos nos livrar dos reflexos do corpo físico e aprenderemos a viver na espiritualidade. Muitos espíritos, no entanto, apegam-se aos sintomas das doenças e somente aos poucos se libertam.

Recebemos notícias de deficientes que, ao desencarnar, assim que foram desligados, em espírito, da vestimenta carnal, imediatamente voltaram a enxergar, a ouvir, recuperaram a capacidade de movimentar-se, comunicar-se...

Infelizmente, há pessoas – doentes ou não – que não agiram corretamente quando encarnadas, não merecendo amparo na passagem para o outro plano. Esses espíritos geralmente se sentem como se ainda estivessem no corpo carnal, sofrendo o reflexo de suas doenças. Essa impressão perdura até que se conscientizem da necessidade de mudar sua maneira de agir, assumindo novas atitudes voltadas para o bem.

Para entender melhor tudo isso, leia *O que encontrei do outro lado da vida**, um livro que psicografei. Nele, vários espíritos relatam sua mudança de plano. No

---

* Veja no final deste volume mais informações sobre este livro. (N.E.)

sexto capítulo, "Deficientes no além", Aparecida revela o que sofreu e conta também as experiências de outros amigos que, encarnados, igualmente foram privados de um corpo sadio. Ao concluir, agradece em prece: "Bendito seja o Pai pelas grandes lições que temos e por podermos, com um corpo deficiente, reparar erros que em muitas crenças nos trariam o castigo eterno. Alegria!".

Adotei minha filhinha quando ela tinha somente 20 dias. Amei-a assim que a vi. Depois, soube que ela era uma deficiente mental com a saúde frágil. Ela está com três anos e meio e muito doente. O médico me disse que se não fosse os meus cuidados ela já teria morrido e que, infelizmente, ela não vai viver muito. Não quero que ela morra. Por que eu amo tanto essa criança?

N. A., Santo André/SP

SE NOS AMÁSSEMOS UNS AOS OUTROS, SEguindo a recomendação de Jesus, seria maravilhoso viver na Terra. Por enquanto, isso não é possível porque ainda nos encontramos muito distantes da fraternidade que o Mestre exemplificou. Nossos primeiros passos no aprendizado do amor levam-nos a querer bem aqueles que estão mais próximos de nós, os nossos familiares.

Quando reencarnamos, recebemos um corpo físico adequado à experiência que iremos vivenciar. No Espiritismo, aprendemos que as aflições em geral – doenças, desilusões, perdas materiais etc. – são causados por nós mesmos. Deus governa o universo por intermédio de suas divinas leis. Uma delas é a Lei de Ação e Reação.

Provocamos reações boas ou más, que retornam a nós infalivelmente... Para nossa consolação, os sofrimentos, a exemplo desse que sua filha está atravessando, são transitórios e certamente seu carinho está servindo para suavizar seus padecimentos.

Esse amor tão sincero que você sente por essa menina explica-se, provavelmente, por terem vivido em outra encarnação uma experiência gratificante. Hoje, o espírito dela "veste" outro corpo, mas ainda é alguém muito caro ao seu coração. Essa proximidade física fortalece ainda mais o laço de amor que as reaproximou.

Para compreender melhor essa questão, leia *Filho adotivo**, escrito pelo Espírito Antônio Carlos, livro que psicografei. Nesse romance, Ofélia ama seu filho adotivo, Caio – um amor semelhante ao seu.

Continue amando, querida leitora. Quando amamos alguém, é natural desejarmos essa pessoa à nossa volta. A "desencarnação", que à primeira vista nos parece uma separação dramática, é apenas um breve intervalo dessa convivência. A perda do corpo, naturalmente interrompida a vida orgânica que o sustenta, representa, na verdade, a libertação da alma.

Aqueles que "desencarnaram" na flor da idade, isto é, depois de uma curta permanência na Terra, são amparados por benfeitores espirituais. Nos livros *Violetas na janela**, do Espírito Patrícia, e *Flores de Maria**, do

* Veja no final deste volume mais informações sobre este livro. (N.E.)

Espírito Rosângela, descobrimos o quanto é importante essa ajuda para os espíritos retomarem sua caminhada.

A vida continua além da morte do corpo. Se, atendendo aos desígnios de Deus, sua filhinha partir, lembre-se de que seu amor será o farol que a iluminará nessa nova jornada.

Admiro-a por não temer adotar uma criança, aceitando-a na condição de sua filha. Essa boa ação que tanto beneficiou a menina foi, com certeza, o bom aproveitamento de uma grande lição de vida. Um abraço afetuoso.

Meu irmão está internado, é um doente mental. Quase matou minha mãe. Por que isso acontece? Como lidar com ele?

M., Florianópolis/SC

AS DOENÇAS, DE MODO GERAL, SÃO AS REAÇÕES provocadas por nossos atos indevidos. Um espírito equilibrado, harmonizado com as leis divinas, quando encarnado, apresenta o corpo saudável. Quando se afasta do bem, desequilibrando-se, sofre conseqüências dolorosas que se refletem no seu corpo físico. Em *O Livro dos Espíritos**, de Allan Kardec, na questão 372, entendemos que "esses espíritos sofrem com o constrangimento que enfrentam e com a dificuldade que têm de se manifestarem por meio de órgãos não desenvolvidos ou desarranjados". Mais adiante, na questão 375, descobrimos que se trata de "uma perturbação da qual, por si mesmo e em seu íntimo, têm perfeita consciência, mas não é senhor para deter-lhe o curso, não tem como alterar essa condição".

* Veja no final deste volume mais informações sobre este livro. (N.E.)

Os doentes mentais necessitam de atenção, respeito e carinho para vencer essa provação. Quando seu irmão retornar ao lar, procure conversar com ele, trate-o bem. Paralelamente ao tratamento médico e a outras terapias, recomendo recorrer a uma casa espírita, onde receberão a assistência espiritual que os ajudará a enfrentar essas dificuldades.

No livro *Nas fronteiras da loucura* (Bahia: Livraria Espírita Alvorada Editora), do Espírito Manoel Philomeno de Miranda, psicografado por Divaldo Pereira Franco, encontramos valiosas lições sobre essa deficiência: "É muito diáfana a linha divisória entre a sanidade e o equilíbrio mental". Que Deus os proteja.

Sou enfermeiro há três anos. Trabalho num hospital onde os doentes mentais são internados para se tratar. Tenho visto muito sofrimento. Esses doentes têm consciência dos seus padecimentos? Têm motivos para sofrerem assim? Por que são doentes? O que a senhora me sugere para ler sobre o assunto?

F. P., São Paulo/SP

PREZADO LEITOR, OS DOENTES MENTAIS SOFREM, certamente, por algum motivo. Deus é pai misericordioso e não permite sofrimentos desnecessários. Para entendê-los, é necessário considerar que a Lei de Deus é justa e que todos os sofrimentos nela encontram explicação.

"Mente sã em corpo são" – lembra dessa afirmação? Por intermédio da reencarnação, retornamos ao plano físico, em corpos diferentes e em situações diversas, conforme nosso merecimento e necessidade de progredir.

Nosso livre-arbítrio nos permite agir, durante essas existências, de acordo com nossa vontade. As más ações provocam, em outras pessoas e em nós mesmos, reações dolorosas. O resultado de nossos atos é, necessariamente, nossa herança. Boa ou má, segundo o que semeamos e que se reflete, também, no estado do corpo físico.

Não existe uma regra geral, algo semelhante a "fez isso sofre aquilo", cada caso é um caso, não é possível generalizar. Os deficientes mentais, segundo *O Livro dos Espíritos**, de Allan Kardec, questão 373, "sofrem com o constrangimento que experimentam e com a dificuldade que têm de se manifestarem por meio de órgãos não desenvolvidos ou desarranjados".

É importante considerar também que muitos espíritos reencarnam para vivenciar provações que não são o resgate de faltas do passado, mas oportunidades de elevarem-se espiritualmente, verdadeiros testes de fé e resignação.

O livro *Morri! E agora?**, que psicografei, apresenta casos verídicos. No capítulo "O vestido vermelho", Júlia permanece durante anos internada num sanatório para doentes mentais. Em outro livro, *O sonâmbulo**, do Espírito Antônio Carlos, Daniel vive situação idêntica. São dois casos diferentes, em que cada um explica por que reencarnou assim e o que sentiu nessa condição.

Seu trabalho permite amenizar o sofrimento dessas pessoas. Faça-o com carinho, seja dedicado e paciente. Não procure as razões das amarguras dos enfermos. Veja-os apenas como seres humanos que colhem lágrimas onde plantaram imprudências. Dê a cada um deles uma atenção especial, porque todos os doentes são especiais, necessitados da caridade. Amar o próximo, como Jesus

* Veja no final deste volume mais informações sobre este livro. (N.E.)

nos ensinou, é tratar fraternalmente aquele que está ao nosso lado. No seu caso, o próximo é cada um dos doentes que tanto necessitam dos seus cuidados.

Que Deus o abençoe e o ilumine, que você possa ser uma luz na vida desses enfermos. Felicidades!

reencarnação

Prezada Vera, um tempo atrás, escrevi para a senhora dizendo sofrer muito com a perda de meu irmão no ano passado. Hoje, meu outro irmão (que é sensitivo e ajuda um centro no Rio de Janeiro) disse sentir a presença dele perto de mim. Ele disse que precisa ir ao centro espírita e mentalizar minha imagem para me ajudar e ajudar ao meu irmão desencarnado. Que devo fazer? O que me prejudica?

R. R., NITERÓI/RJ

A MAIORIA DAS PESSOAS NÃO ESTÁ PREPARADA para mudar deste mundo para o plano espiritual. Muitos ainda acreditam que a vida termina quando cessam as funções do corpo físico. Na verdade, o que morre é apenas a vestimenta do espírito, o nosso corpo material. Sobrevivemos a essa perda, continuamos vivos em espírito e vestimos, nessa condição, uma nova roupagem. Essa vestimenta sutil é o perispírito, nosso corpo espiritual.

Por se sentirem encarnados, muitos espíritos se iludem, acreditando que ainda estão no corpo físico.

Não desejam essa mudança. Às vezes, iludem-se tanto que permanecem ao lado dos seus afetos, pretendendo prolongar um tempo de convivência que já se findou.

Os espíritos que agem assim quase sempre estão sofrendo. Permutam pensamentos e energias com os encarnados, o que não é bom.

Recomendo, prezado leitor, que se dirija a um centro espírita, onde, gratuitamente, receberá novas e saudáveis energias por intermédio dos passes. Nessa ocasião, os benfeitores espirituais vão se empenhar em conversar com seu irmão, levando-o a compreender que mudou de plano e que precisa, sem demora, aprender a viver na espiritualidade.

Agindo assim – buscando orientação e esclarecimento no centro espírita –, você irá ajudá-lo. Não se aflija, nem chame por ele. Em suas orações, peça a Deus que o abençoe, para que ele se sinta bem onde se encontra.

A desencarnação não é um castigo. Não sinta piedade dele apenas porque desencarnou. Reencarnamos na Terra para viver por um determinado tempo no corpo físico. Ao terminar essa etapa, retornaremos ao mundo dos espíritos, onde iremos refletir sobre essa experiência, sobre os nossos erros e acertos. Um dia, reencarnaremos novamente, prosseguindo nossa jornada...

Ajude seu irmão. O desencarnado deve aprender a viver nessa condição, o que não é difícil. Basta apenas resignar-se e aceitar a situação. Muitas pessoas, ao desencarnar, necessitam de auxílio para entender que não mais se encontram no corpo físico.

No centro espírita, procure conhecer melhor o Espiritismo. Nas reuniões de assistência espiritual e nos livros espíritas você vai encontrar explicações para entender melhor esse processo tão simples e natural que é a desencarnação. Que Jesus o abençoe!

Não penso muito na morte, mas quando penso, fico imaginando como será minha mudança e o que farei do lado de lá. Será que saberei viver na espiritualidade? Lá terei com o que me ocupar?

C.B., Bebedouro/MG

PREZADA LEITORA, ANTES DE PREOCUPAR-SE com a desencarnação, viva o presente com desprendimento. Para nos darmos bem no outro lado da vida, precisamos, desde já, aprender a praticar a caridade sem nada esperar em troca. Seguindo os ensinamentos de Jesus, não devemos ofender a ninguém para nunca precisarmos pedir perdão. Compreendendo as imperfeições de quem nos rodeia, nunca nos sentiremos ofendidos, não havendo necessidade de recebermos um pedido de perdão.

Já pensou em colecionar agradecimentos? Nem sequer imaginamos o bem que nos faz ouvir um sincero "Deus lhe pague"... Se perseverarmos no bem, quando nosso corpo morrer, naturalmente paralisados seus órgãos vitais, seremos dele desligados e conduzidos em espírito até as colônias de paz, verdadeiras cidades do

Além. Nessas regiões de luz, não ficaremos na ociosidade. Deus, que trabalha incessantemente, também nos reserva a mesma oportunidade.

No romance *Vivendo no mundo dos espíritos**, do Espírito Patrícia, descobrimos como é a vida nesse outro plano, onde iremos trabalhar, estudar e conviver harmoniosamente com almas afins. Quando psicografei esse livro, percebi claramente que não há motivo para nos preocuparmos com a desencarnação, desde que levemos a sério nossos compromissos, nos empenhemos na prática do bem e nos resignemos diante daquilo que não estiver ao nosso alcance modificar. Se esse for o caso, nossa passagem será tranqüila e o nosso despertar, no mundo dos espíritos, sereno e feliz...

Quanto à nossa adaptação à vida espiritual, sempre que nos dispusermos a aprender, haverá alguém disponível para nos ensinar. Escreva sempre. É gratificante responder a cartas de pessoas como você, que dirigem sua curiosidade para o que é bom, útil e produtivo. Coloque esse aprendizado em prática e seja feliz. Um abraço.

* Veja no final deste volume mais informações sobre este livro. (N.E.)

Minha mãe ficou muito doente, esteve internada por duas semanas antes de falecer. Nesse período ela dizia que via e conversava com minha avó, falecida há 20 anos e com o meu pai, morto há três anos. Isso é possível?

F. A. V., Vitória/ES

QUANDO NOSSO CORPO MORRE, "DESENCARnamos", ou seja, deixamos este mundo para retornar ao plano espiritual. Nossas lembranças, sentimentos e conhecimentos não se perdem, são conquistas do espírito, que é eterno, acompanhando-nos onde estivermos. O amor que sentimos por aqueles que deixamos na Terra permanece inalterado. Nossos entes queridos que se encontram na espiritualidade preocupam-se conosco e, quando precisamos de auxílio, geralmente obtêm permissão para estar ao nosso lado.

Ao aproximar-se o dia de nossa desencarnação, eles nos ajudam a nos desprendermos da matéria. Essa aproximação, que é dada a cada um segundo seu merecimento, é o amparo de que necessitamos para nos desligar do corpo.

Com certeza, aproximando-se o momento da desencarnação de sua mãezinha, bons espíritos receberam permissão para ampará-la e reconfortá-la. No livro *O diário de Sofia**, do Espírito Nina Arueira, psicografado por Alceu Costa Filho, um espírito benfeitor apresenta-se a Sofia, que se encontra hospitalizada em estado de coma: "Isso é a realidade: ali está seu corpo adormecido, em coma, e aqui estamos nós como personagens de seu sonho real". O desenrolar da história é comovente, revelando que nunca estamos sós nas horas difíceis, porque Deus permite nos auxiliarmos uns aos outros. Um abraço.

* Veja no final deste volume mais informações sobre este livro. (N.E.)

doença

Minha filha de apenas 14 anos está há três anos e meio doente, com câncer nos ossos. Já amputou o pé esquerdo e o braço direito. Agora, a doença se alastrou por outras partes do corpo. Estamos sofrendo demais. Será que ela irá se curar ou vai morrer? Queria muito receber de você algum consolo.

SOLANGE, CONTAGEM/MG

COMPREENDO SEU SOFRIMENTO, SOLANGE. Também sou mãe. Aceite minha solidariedade. Admiro aqueles que enfrentam situações como essa com tanta determinação. Preferiríamos sofrer no lugar de nossos filhos, e acabamos por padecer com eles.

Graças a Deus você está ao lado de sua filha nessa hora tão difícil. Quantos sofrem, além da doença, a ausência de pessoas amigas... Infelizmente, não está ao nosso alcance responder quando ela irá desencarnar.

No Espiritismo, entendemos que, esgotadas as possibilidades do corpo físico, retornamos ao mundo espiritual. O corpo que temporariamente abrigou nossa alma fica para trás quando cessam suas funções orgânicas.

"Os mortos são os vivos do Céu", afirmou Léon Denis, um grande estudioso, orador e escritor espírita, contemporâneo de Allan Kardec, codificador da Doutrina Espírita. Só Deus sabe, no entanto, quando iremos fazer essa passagem.

Quanto à cura de sua filha, entenda que ela está, neste momento, libertando-se da doença. Esse processo dramático de depuração, que exige tanto esforço para ser superado, é justamente parte da cura da alma, onde se localizam as causas das doenças que nos afligem.

As perdas físicas que sua filha sofreu não afetaram, de forma alguma, seu corpo espiritual. Enfrentando a doença com resignação, aceitando a vontade de Deus, sua filha será merecedora, na próxima reencarnação, de um corpo sadio e de viver, não apenas a plenitude do físico, mas também e, principalmente, da alma.

Por intermédio da minha mediunidade, o Espírito Rosângela escreveu o romance *Flores de Maria**. Doente durante algum tempo, a autora desencarnou ainda jovem e foi amparada na espiritualidade. Lá, passou a residir num maravilhoso educandário. Sua experiência, relatando o dia-a-dia das crianças e dos jovens no Além, encontra-se registrada nesse livro tão esclarecedor.

Ânimo, Solange. Não perca a esperança. Procure, de acordo com suas possibilidades, permanecer o maior tempo possível ao lado de sua filha. Os filhos são presentes que recebemos de Deus. A maternidade é uma dádiva. "Mãe, sempre mãe".

---

* Veja no final deste volume mais informações sobre este livro. (N.E.)

Para finalizar, lembre-se de que, para Deus, nada é impossível. Muitas pessoas, desenganadas da vida, com a morte praticamente decretada, encontram-se ainda encarnadas e vivem felizes, contrariando as expectativas...

Que Jesus esteja com vocês, protegendo-as, amparando-as e consolando-as em sua imensa paz.

Devido à doença de minha futura sogra estou visitando assiduamente uma casa de repouso onde quase todas as idosas têm o mal de Alzheimer. Nesse estado, há algum aprendizado para o espírito?

N. A., São Paulo/SP

NEM TODOS OS SOFRIMENTOS SÃO PROGRAMADOS na espiritualidade. Muitas doenças são causadas nesta encarnação, por causa dos nossos abusos. Quando desrespeitamos as leis divinas, nos desarmonizamos. Essa intervenção dolorosa serve para nos devolver o equilíbrio e a harmonia interior. Recusando a oportunidade de evoluir por amor, somos surpreendidos pela dor. Essa é a Lei de Ação e Reação, que nos devolve o bem ou o mal que semearmos. A colheita depende apenas de nós mesmos...

No livro *Morri! E agora?**, um dos espíritos que se comunicou por intermédio da minha psicografia revelou seu emocionante depoimento. Júlia, quando desencarnou, por seu merecimento foi conduzida a uma colônia

* Veja no final deste volume mais informações sobre este livro. (N.E.)

do plano espiritual. Amparada, rapidamente se recuperou de uma doença mental que sofreu durante anos: “O doente mental sofre e quase sempre sabe que sofre. Foram muitas as vezes que chorei por estar doente. Tinha vontade de sair do hospital, morar num lar, ter roupas bonitas e comer doces e outros alimentos. Sentia saudades da minha família e não queria que eles tivessem medo de mim. Mas não conseguia expressar minha vontade, dizer o que queria”.

Continue visitando a mãe de seu noivo. Com certeza, ela se sentirá reconfortada. Apesar das aparências e embora pareça alheia a tudo, nessas ocasiões ela reconhecerá o seu afeto. Quer compreendamos ou não, quando sofremos, é o carinho que suaviza todas as nossas dores. Muita paz, um abraço.

droga

Meu filho se droga desde os 17 anos. Está com 25 anos. Já fizemos tudo por ele, estamos cansados. Gastamos muito pagando suas dívidas com medo dos traficantes, com internações e para repor objetos que roubou de nossa casa. Tenho outra filha de 16 anos e a trancamos no quarto quando ele chega drogado, pois já bateu nela. O que devo fazer? Devo mandá-lo embora? Admiro seu trabalho e peço uma orientação.

J. J. M., NITERÓI/RJ

AGRADEÇO O SEU CARINHO, INCENTIVO E A confiança que deposita em mim. O tóxico é de fato um veneno que tanto prejudica quem o consome como também aqueles que convivem com o dependente químico, causando o sofrimento de todos.

Admiro-o pela sua persistência, nesses anos de lutas e perdas. "Devo mandá-lo embora?" – é sua pergunta. Gostaria de sugerir, em primeiro lugar, uma consulta a um profissional qualificado, habilitado para orientá-lo e acompanhá-lo nesse momento de transição que está vivendo, amparando-o – e aos seus familiares – perante seu filho, seja qual for sua atitude.

Colocando-me em seu lugar, refleti muito sobre a situação. Devemos amar o nosso lar, respeitar nossos familiares, agradecer a oportunidade de compartilhar a moradia com aqueles a quem Deus nos uniu.

A harmonia doméstica depende da observação dos nossos direitos e obrigações. Seu filho, infelizmente, não está cumprindo seus deveres e, assim, desequilibrou o lar que o acolheu. Sua filha, por sua vez, faz sua parte e, naturalmente, tem seus direitos. Diante do que está acontecendo, ela certamente está sofrendo muito e necessita de seu apoio.

É certo que suas tentativas, ao longo dos últimos anos, não resultaram o que esperava, mas é necessário insistir, conversar novamente com seu filho. Seja sincero, abra seu coração, sem receio de expor-se. Expresse seu amor, sua preocupação com o bem-estar dele e explique, sem rodeios, que estão desgastados com tudo o que aconteceu.

Faça-o entender, sem recorrer a palavras ásperas, que ele precisa reagir – a família não tem mais condições de continuar vivendo esse impasse que ele mesmo criou...

Ofereça, mais uma vez, sua ajuda e mencione a possibilidade de uma nova internação. É possível que ele não se sensibilize diante de seu apelo. Nesse caso, considere a realidade: é necessário deixá-lo seguir o seu caminho... Talvez seja o momento em que deva sentir-se sozinho para crescer. Não se culpe, você não é um mau pai: esgotou suas forças empenhando-se em ajudá-lo.

Em suas orações, peça a Deus para orientá-lo. Um dos livros que psicografei, *O difícil caminho das drogas**, do Espírito Rosângela, o ajudará a refletir melhor. Nessa leitura, repleta de lições da vida, tão apropriadas ao seu caso, você encontrará mais subsídios para vencer essa dificuldade.

* Veja no final deste volume mais informações sobre este livro. (N.E.)

Minha filha faleceu há oito meses.
Foi usuária de drogas durante 15 anos.
Sofremos muito, eu a vi ser presa, maltratada,
sofrer crises de abstinência, se prostituir.
Nos roubou e por vezes até me agrediu.
Quando a vi no caixão, pensei: "Agora ela
terá sossego". Porém, sonhei com ela, a vi num
estado deplorável, chorando, aflita, me pedindo
ajuda. Esse sonho me impressionou muito.
Será que ela foi para o inferno? O que
devo fazer para ajudá-la mais uma vez?

M.D., SANTOS/SP

PREZADA LEITORA, A VIDA CONTINUA DEPOIS da morte do corpo. O espírito sobrevive, muda de plano, do mundo material para o espiritual. Continuamos a viver e não perdemos nossa individualidade. O amor que sentimos por alguém permanece o mesmo, inalterado.

Mais uma vez você pode ajudar sua filha. Peça a Deus que a ampare onde se encontra. Em oração, dirija seus pensamentos até ela, sugerindo que perdoe a si mesma e também peça perdão a Deus. Expresse as melhores vibrações de seu coração, ajudando-a a entender que é hora de recomeçar na espiritualidade.

Procure um centro espírita. Nessa casa cristã, receberão assistência espiritual, que muito irá beneficiá-las. Aceitando essa ajuda, sua filha será encaminhada no mundo espiritual, onde receberá orientação para recuperar-se e retomar seu aprendizado.

A crença nas penas eternas foi, na antiguidade, um freio para conter a violência dos homens. Nós, espíritas, sabemos que Deus não castiga nem dá prêmios. A cada um de nós cabe colher aquilo que plantou. Se a colheita de hoje é dolorosa, cabe-nos plantar melhor para o dia de amanhã. O sofrimento é passageiro. Se nos arrependermos do mal que causamos a nós mesmos ou aos outros, nos determinando a corrigir nossas faltas, teremos a bênção do recomeço. Nos livros espíritas, descobrimos que a dependência química prejudica gravemente não apenas o corpo físico, mas também o corpo espiritual. *O difícil caminho das drogas**, livro que psicografei do Espírito Rosângela, apresenta explicações detalhadas sobre essa questão, bem como nos orienta a ajudar as vítimas do vício.

Esqueça o sonho que mencionou. Recorde-se de sua filha tal qual se apresentava antes de apegar-se às drogas. Peça a Deus, fervorosamente, que ela retome a plenitude dessa condição. Lembre-se sempre de que o amor sincero de mãe é um farol, iluminando a vida dos filhos, estejam eles onde estiverem. Um abraço.

* Veja no final deste volume mais informações sobre este livro. (N.E.)

Tive três filhos e quando estava grávida do segundo, já não estava me dando bem com meu marido e rejeitei muito a criança. Foi uma criança linda, mas revoltada. Quando me separei, ele sentiu muito a falta do pai. Aos 15 anos, se envolveu com drogas. Por dez anos, corri atrás de diversos tratamentos. Ele foi assassinado há dois meses. Estou sofrendo muito. Preciso de uma palavra de conforto.

M. C. L., São Paulo/SP

NÃO SE AFLIJA, QUERIDA LEITORA, IMAGINANDO que rejeitou seu filho. Quando o relacionamento do casal não vai bem, é comum a mulher, sentindo-se insegura, recusar a gravidez. No seu caso, é importante lembrar que você superou esse sentimento, do qual não deve se acusar. Seu filho nasceu, foi amparado e você se empenhou em ajudá-lo. Infelizmente, somos escravos dos nossos vícios até que nos determinemos a abandoná-los. Mesmo recebendo ajuda, essa libertação depende de nós. Na espiritualidade, existem locais para onde são conduzidos aqueles que desencarnam nessa condição. São amparados e aprendem a viver sem o corpo físico.

Continue amando seu filho. No mundo dos espíritos, ele continua vivo e precisa de suas preces para encontrar o caminho da recuperação. Perdoe-o por todos os sofrimentos que provocou. Com certeza, seu filho precisa sentir-se perdoado. Perdoe também o assassino, livrando-se da mágoa e do ressentimento que corroem a felicidade.

Quem é mãe, o é por toda a vida, não perde nunca os seus filhos, nem mesmo com a morte do corpo. A vida continua para quem se encontra na espiritualidade.

Cuide de sua saúde. Seus dois filhos precisam de seu amparo e do seu amor. É preciso reagir e recuperar a alegria de viver. Freqüente um centro espírita, onde irá receber consolo e orientação. Lá, peça ajuda para seu filho.

Leia o *Evangelho* em seu lar, acompanhada de seus familiares, uma vez por semana, no mesmo dia e horário. Comentem a passagem que foi lida e encerrem a reunião com uma prece. O estudo do *Evangelho* é uma bênção que fortalece as famílias, aproximando-as, por intermédio de Jesus, da luz divina. Que a palavra de Jesus, que é o caminho, a verdade e a vida, a console. Muita paz.

eutanásia

Tenho uma prima que, aos 18 anos, por causa de uma overdose de cocaína ficou em coma durante meses. Foi cogitado desligar os aparelhos que a mantinham viva. Meus tios não permitiram. Ela sobreviveu, mas ficaram seqüelas. Fiz meus familiares prometerem que, se ocorrer algo comigo, certamente não será por drogas, tenho horror ao tóxico, quero que desliguem os aparelhos e, se eu não morrer, que me dêem uma injeção letal. Estou certa?

SUZANA, JUNDIAÍ/SP

SUZANA, AINDA BEM QUE VOCÊ TEM CONSciência de que os tóxicos prejudicam terrivelmente a saúde, provocando muitas aflições e sofrimentos. Sua prima, infelizmente, não pensava assim, mas graças a Deus não desencarnou vítima das drogas. Por intermédio das comunicações mediúnicas que recebemos, sabemos que aqueles que retornam ao mundo espiritual na condição de dependentes químicos sofrem muito. Mesmo do outro lado da vida, continuam presos ao vício, seus escravos...

No Espiritismo, aprendemos que devemos cuidar da saúde física e espiritual, evitando tudo aquilo que possa comprometer o organismo. Agindo assim, garantimos nossa permanência na Terra, porque, durante um determinado período, devemos nos submeter ao uso da vestimenta carnal.

Não morremos quando os órgãos do corpo físico cessam suas funções. Sobrevivemos a essa perda e continuamos vivos, em outro plano. Aqueles que, inconformados com o destino, provocam a morte do próprio corpo, sofrem dolorosas conseqüências.

Sobre a injeção letal, que idéia sombria é essa? Minha resposta é não! Parece uma solução conveniente para quem sofre mas, na verdade, revela-se tremendamente prejudicial. Não sabemos o que nos reserva o futuro, porém devemos entender que a doença é uma experiência necessária para a cura do espírito. São inúmeros os casos de pessoas que despertaram depois de passar pelo estado de coma e se apresentaram inteiramente modificadas. Afirmam que se encontraram com espíritos de luz, parentes e amigos já falecidos, compreendendo que a vida não se limitava ao corpo físico. Enfim, aproximaram-se de Deus...

Quem abrevia a vida de alguém, recorrendo à eutanásia, está agindo contra as leis divinas. No Espiritismo, compreendemos que a eutanásia não se justifica. Não temos esse direito! Para o enfermo, a permanência no leito de dor é um valioso aprendizado espiritual que se estende, inclusive, aos seus familiares.

Desconhecendo a iniciativa daquele que provocou a morte de seu corpo, a vítima da eutanásia não tem participação no que aconteceu, mas se ressente desse retorno forçado. Sofre no mundo dos espíritos porque não cumpriu seu compromisso até o último instante, de acordo com os desígnios de Deus. Não teve a chamada "morte natural".

Reflita sobre essas colocações, querida leitora. Os livros espíritas a ajudarão a repensar melhor suas convicções. Muita paz.

infidelidade

Estou desesperada. Separada há sete meses, fui casada durante três anos. Conheci uma pessoa, me iludi, joguei tudo para o alto, mas não durou nem dois meses, me arrependi sinceramente, mas meu ex-marido não me perdoa, de jeito nenhum. Já escrevi cartas, conversamos, mas ele não quer tentar mais uma vez. Não sei como agir nem o que pensar. Vera, me ajude, obrigada pela atenção. Adoro seus livros.

B. M., São Paulo/SP

PREZADA LEITORA, AS DECISÕES IMPORTANTES, principalmente as que envolvem o bem-estar e a felicidade de outras pessoas, exigem muita reflexão da nossa parte. É preciso, nessas ocasiões, pensar muito bem antes de agir.

Você diz que se iludiu. Realmente, diante de facilidades materiais ou envolvidas em paixão, nos iludimos facilmente. Imprudentes, erramos ofendendo aqueles a quem tanto queremos bem e que também nos amam.

Ao expressar o arrependimento, devemos pedir perdão com sinceridade. O tempo sempre se encarrega de suavizar as mágoas. Se você agir com dignidade e demonstrar que o ama de verdade, ele certamente a perdoará.

Quanto a viver novamente ao lado do seu ex-marido, isso depende, nessas circunstâncias, apenas dele. Aguarde com calma, seja paciente. Dê um tempo. Ele precisa superar a decepção e o ressentimento que você causou.

Na primeira oportunidade, sem precipitação, fale, com emoção, de seus propósitos, planos e desejos. Nesse encontro, revele abertamente seus sentimentos, sem esconder o quanto ele é – e sempre foi! – importante para você. Seja sincera, sem recear ouvir inevitáveis críticas sobre o seu comportamento, reconheça seu erro e lembre-o de que todos nós estamos sujeitos a cometer deslizes.

Se, diante de tudo isso, ele não voltar atrás, conforme-se com essa decisão. É um direito dele. Precisamos aceitar aquilo que não está ao nosso alcance modificar, e nos resignar.

Que esse episódio sirva, ao menos, de lição para você pensar melhor antes de agir precipitadamente, levada por impulsos inconseqüentes. Lembre-se de que, às vezes, ferimos tanto, tão profundamente, o coração de alguém, que o afeto que essa pessoa sente por nós simplesmente termina...

Procure, nesse instante, voltar seus pensamentos para sua religião. Cultive novas amizades, seja mais prestativa, considere a possibilidade de dedicar-se a um trabalho voluntário. Colaborar para amenizar o sofrimento alheio a ajudará a amadurecer seus sentimentos, fazendo-a sentir-se mais segura e confiante diante da vida...

Leia bons livros. O *Evangelho*, por exemplo, apresenta as lições de Jesus, sempre atuais e muito úteis para você compreender melhor a vida e os próprios sentimentos.

Que Jesus a oriente.

Quando busquei auxílio, para decidir se valeria a pena ou não perdoar uma traição e continuar meu casamento, graças a Deus, a ajuda de que necessitava naquele momento foi concedida. Mas, desde então, vivo me perguntando como seria se eu tivesse escolhido outro caminho. Como posso viver entre a resignação pela dívida do carma e a necessidade de novos caminhos? Até que ponto posso manter um relacionamento acreditando que um dia será como eu sonhei?

S. R. C., Rio de Janeiro/RJ

PERDOAR É UM DEVER DE TODOS NÓS, CRISTÃOS, porque somos, igualmente, carentes do perdão de alguém... Não tenha dúvida, prezada leitora, sempre vale a pena perdoar. Todos nós merecemos uma segunda chance. Você agiu bem perdoando seu marido. A recomendação de Jesus – amar ao próximo como a nós mesmos – estende-se, principalmente, àqueles que estão mais próximos de nós, àqueles com os quais dividimos o mesmo teto.

A cada instante, estamos diante de novas decisões – visitar alguém, assistir a um filme, preparar este ou aquele prato. Algumas escolhas são mais simples, outras exigem maior reflexão – o casamento, a separação... Sua decisão foi acertada. Nunca saberemos ao certo o que aconteceria se fosse outra a nossa atitude, mas não devemos nos deter nessas considerações. O importante é não se atormentar relembrando o que aconteceu e não guardar mágoa.

Perdoar significa simplesmente esquecer a ofensa que nos atingiu. Agindo assim você se sentirá feliz, em paz consigo mesma. O que ficou para trás não importa. Viva o presente. Não é possível mudar o passado. O presente é o momento mais importante de nossa vida, onde construímos, no agora, o nosso futuro.

Converse mais com seu marido. Conversando a gente se entende e vive melhor. É muito raro encontrarmos em alguém as virtudes que nós mesmos também não possuímos. Afinal, ninguém é perfeito... Nós também não o somos. Não é saudável fantasiar a realidade e viver de sonhos. O melhor é tolerarmos as faltas do próximo, para merecermos, por nossa vez, a mesma compreensão e tolerância.

No Espiritismo, as dificuldades que enfrentamos são bem explicadas. A maioria delas acontece por causa das nossas atitudes impensadas do presente. O resultado de nossos atos retorna até nós. Essa reação, positiva ou maligna, depende apenas de nós mesmos. Essa é a significação da expressão que você usou, o *carma*. É apenas o resultado do que plantamos. Quando não encontramos explicação do que nos aflige na vida, é em existências passadas que essas aflições se originaram. No Espiritismo, entendemos que somos herdeiros de nós mesmos. A reencarnação nos aproxima dos afetos de outrora para fortalecer nossos laços de amor, e dos desafetos para nos reconciliarmos.

Minha querida leitora, o melhor é recomeçar. Esqueça o passado. Empenhe-se em viver bem no presente, junto do seu companheiro a quem você perdoou por amor.

Que Jesus a proteja.

Meu casamento não vinha dando certo, arrumei uma amante e me separei de minha esposa. O que me atrapalha agora são as lembranças do casamento, a religião, pois não posso comungar, sou muito católico. Já pensei em voltar para minha ex-mulher. Ajude-me.

ROGÉRIO, SÃO PAULO/SP

DEVEMOS PENSAR MUITO ANTES DE TOMAR uma atitude, principalmente quando essa decisão envolve outras pessoas. Esse é o caso do casamento: acredito que ninguém deve assumir tal compromisso antes de estar certo de que é realmente o que deseja.

Se você pretende voltar para sua esposa, procure, em primeiro lugar, saber se ela quer o seu retorno. Se a reconciliação acontecer, viva essa relação com intensidade, sem a intenção de traí-la novamente. Não temos o direito de brincar com o sentimento alheio. Devemos respeitar aqueles a quem cativamos para também sermos respeitados.

A garota com quem você está se relacionando, por sua vez, não deve ser ignorada. Já se perguntou se ela vai sofrer se for abandonada? Está certo de que o melhor é separar-se dela? Pense bem, aprenda a ser fiel aos seus compromissos.

O casamento deve ser uma união em que o carinho, o amor e o respeito sejam uma constante. A preocupação com os preceitos de sua religião é válida. Sendo assim, lembre-se da ocasião em que assumiu, religiosamente, os deveres conjugais. Se não é sua intenção cumprir a palavra empenhada, é melhor que as coisas fiquem como estão...

Muitos problemas teriam sido evitados, inclusive a separação, se você tivesse dialogado com sua esposa, explicando suas necessidades afetivas. Evite cair no mesmo erro, agindo levianamente. Devemos nos arrepender do mal que causamos, reparando-o com amor e evitando incorrer nas mesmas faltas... Lembre-se da recomendação de Jesus "Vá e não peques mais".

A felicidade que você tanto procura depende de sua atitude perante o próximo mais próximo. Seja sincero, fiel, respeite os sentimentos alheios, siga amorosamente a religião que abraçou, exemplifique seus ensinamentos – eles iluminarão seu caminho rumo ao progresso.

No Espiritismo, aprendemos que não seremos felizes enquanto causarmos tristeza e sofrimento a outras pessoas. Pense nisso com carinho. Que Deus o abençoe.

jogo

Sou viciada em jogo, bingo e máquina eletrônica. Perco todo o dinheiro. Fico envergonhada, prometo a mim mesma que não vou voltar, mas não consigo. O que devo fazer?

R. I., São Paulo/SP

SOMENTE NÓS MESMAS PODEREMOS VENCER nossos vícios, sejam eles quais forem. Essa vitória depende da nossa força de vontade.

Na questão 865 de *O Livro dos Espíritos**, de Allan Kardec, descobrimos que "alguns espíritos escolheram certas espécies de prazer; a sorte que os favorece é uma tentação. Quem ganha como homem perde como espírito; é uma prova para seu orgulho e sua cobiça". Mais adiante, no mesmo livro que a ajudará a entender melhor suas dificuldades, na questão 919, os espíritos de luz recomendam "conhece-te a ti mesmo", para "resistir aos arrastamentos do mal".

Entendemos que jogar, quando não se trata apenas da busca do ganho fácil, esconde sentimentos e

* Veja no final deste volume mais informações sobre este livro. (N.E.)

emoções não resolvidas. Muitas vezes, esse ilusório prazer é uma compensação para aqueles que, por várias razões, se sentem frustrados ou desmotivados diante da vida.

Peça ajuda aos seus familiares e amigos. Afaste-se dos locais onde o jogo esteja presente. Procure a diversão longe desses lugares: em cinemas, teatros, restaurantes, centros de convivência... Grupos comunitários, coordenados por psicólogos, abrem espaço para o debate de soluções. Procure um centro espírita. Disponha-se a seguir as recomendações que receber.

Resista ao impulso de jogar no dia de hoje. Enfrente um dia de cada vez... Tenha fé e conseguirá se libertar. Lembre-se: "Ajuda-te e o Céu te ajudará". Sinta a presença de Deus em seu coração e ore com fervor. Muita paz.

lei de ação e reação

Sou divorciada e moro com meus pais e com minha filha de 14 anos. Estamos passando por dificuldades financeiras, pois gastamos mais do que poderíamos. Não estou trabalhando. Meu medo é estar errando no momento e sofrer, na espiritualidade, quando morrer. Por que temos de pagar por atos imprudentes de outras vidas se nesta somos bons e não lembramos os erros do passado?

R. O., São Paulo/SP

ADMINISTRANDO MELHOR SEUS RECURSOS, acredito que em breve vai superar suas dificuldades financeiras. Devemos estar sempre alertas, gastando apenas o dinheiro de que realmente dispomos... Você é jovem, deve procurar trabalho. Ocupando-se profissionalmente, com certeza, se sentirá melhor, mais útil, contribuindo para reforçar o orçamento de sua família. Trabalhando, conhecerá outras pessoas e certamente vai aumentar seu círculo de amizades.

Quanto a enfrentar sofrimentos no mundo espiritual, tranqüilize-se. Todo aquele que pratica o bem, e não prejudica ninguém, está garantindo uma tranqüila passagem para o outro lado da vida. Todas as religiões nos conduzem nessa direção. O Cristianismo, por exemplo, transmite os valiosos ensinamentos de Jesus. Aqueles que se determinam a seguir o exemplo do Mestre amam a Deus sobre todas as coisas, amam ao próximo como a si mesmos e fazem aos outros o que gostariam de receber.

As pessoas caridosas e benevolentes, quando perdem o corpo físico – naturalmente esgotadas suas possibilidades de vida –, encontram a paz, porque assim o fizeram por merecer. Procure seguir os ensinamentos de Jesus e viva de tal forma que, ao desencarnar, também seja merecedora de receber, por sua vez, todo o bem que distribuiu.

Em relação ao passado, não temos consciência do que aconteceu em outras encarnações. Esse esquecimento temporário – que não anula a necessidade de reparar os erros que cometemos – é uma prova da imensa bondade do Pai-Criador, que nos dá a oportunidade de recomeçarmos sem nos atormentarmos com lembranças que agravariam, ainda mais, nossas dificuldades.

O que seria de nós se acumulássemos as preocupações de outras encarnações? Para a maioria das pessoas, seria muito difícil reencarnar carregando a lembrança dessas vivências, nem sempre agradáveis... Esse esquecimento é temporário. Retornando ao plano espiritual, readquirimos essas recordações. Por vezes, durante o sono, temos consciência do passado. Nesse estado de emancipação da alma, entendemos por que sofremos, recordamos a justa causa das nossas aflições. Ao despertar, guardamos apenas uma impressão dessa experiência, que se apaga logo depois, para evitar constrangimentos, desânimos e tristezas. Aproveite esta encarnação. Agradeça a Deus. É uma grande oportunidade para você praticar o bem, a caridade e conquistar novos amigos. Desejo que seus sonhos se realizem. Felicidades!

medo da morte

Gosto da minha vida, da minha casa, de tudo o que eu tenho, dos meus amigos e dos meus familiares. Tenho lido seus livros, são ótimos. Será que depois da morte vou ficar presa a tudo isso e sofrer? Preciso de sua ajuda. Como é possível amar alguém ou alguma coisa e, ao mesmo tempo, ser desapegada de tudo?

G. S., FRANCA/SP

AGRADEÇO SEU INCENTIVO E O CARINHO QUE expressou em sua carta. Devemos amar e valorizar tudo aquilo que temos, empréstimo que Deus nos concede, de acordo com nossas necessidades e merecimento, para vivermos no mundo material onde nos encontramos.

Não devemos nos esquecer de que estamos encarnados apenas durante um determinado tempo. Fatalmente, iremos retornar ao plano espiritual. Levaremos conosco apenas nossa verdadeira propriedade, os bens que se referem à alma, o resultado positivo ou negativo das nossas obras, sejam elas boas ou más. Carregaremos, com certeza, a inteligência, os conhecimentos adquiridos e nossas qualidades. Levaremos também os vícios e as imperfeições morais das quais não conseguirmos nos libertar.

Quanto aos bens materiais, propriedades, imóveis, objetos de uso pessoal, de arte, mobiliário, veículos etc., de que nos servirão no mundo dos espíritos? Não teremos a menor necessidade de tudo isso... Esses recursos existem para nos servir enquanto estamos aqui. Devemos cuidar bem deles, administrando-os e devolvendo-os quando partirmos, para que outros encarnados, por sua vez, usufruam sua posse.

Amar e não se apegar a quem tanto se quer bem, realmente é difícil, mas não impossível. Devemos amar o mundo, sem permitir que ele nos possua. *Cativos e libertos**, romance do Espírito Antônio Carlos, que tive a alegria de psicografar, é uma das mais belas histórias que o amor já escreveu. Esse livro me ajuda a esclarecer suas dúvidas: na época do Brasil colonial, Jorge retorna da França depois de completar seus estudos na Europa. Só então descobre que seu pai faleceu, pois ainda em vida o coronel Joaquim de Castro temia que o filho, quando soubesse de sua morte, abandonasse os estudos e assim proibiu que lhe comunicassem a notícia. No dia de sua chegada, seu irmão é assassinado e, em busca do culpado, Jorge apaixona-se por Marcina, que é a filha do mandante do crime. Lição de perdão e perseverança, *Cativos e libertos** revela a incrível força do amor, ao alcance de todos nós.

Sobre a riqueza e a propriedade que tem em suas mãos, Jorge recorda as palavras de um escravo, uma verdadeira lição de espiritualidade: "Sinhozinho Jorge nada tem, essa é a verdade, porque nada disso de que

* Veja no final deste volume mais informações sobre este livro. (N.E.)

desfruta, que o mundo acha que é do sinhô, é realmente seu. Tudo é de Deus, do Pai, tudo a Ele pertence, até nós. Pode Ele nos emprestar por algum tempo e fazer-nos assim seus administradores".

Quanto aos nossos afetos, na realidade, ninguém pertence a ninguém. Quando unidos pelo amor verdadeiro, podemos nos separar fisicamente, mas em espírito estaremos sempre juntos. O amor é um laço muito forte, que nos une independente do nosso esforço e das fronteiras do tempo.

"Renascer no corpo, crescer em espírito, aprender com as oportunidades que nos são oferecidas e libertar-nos, tornando-nos livres do mundo material, para estarmos aptos ao mundo espiritual. Esse deve ser o objetivo do homem na Terra!" Essa reflexão encerra o romance do Antônio Carlos, convidando-nos a meditar. Somos cativos, escravos dos nossos desejos e bens que possuímos ou libertos do mundo, amando e confiando na justiça divina?

Espero que você consiga amar, compreendendo que nos pertence apenas o mérito das obras que construirmos com a força do nosso amor...

Às vezes, tenho a impressão de que já estive presa num caixão. Quando sinto essa sensação, transpiro muito, fico agitada, meu coração dispara. Será que isso já aconteceu comigo? Como a senhora explica essa sensação? Muito obrigada por psicografar esses livros maravilhosos.

A. M., Campinas/SP

A REENCARNAÇÃO CONFIRMA A IMENSA BONdade de Deus, que é nosso Pai. Por intermédio da pluralidade das existências – conforme nos revela o Espiritismo, em *O Livro dos Espíritos**, de Allan Kardec – temos a oportunidade de reparar erros e progredir. Nosso espírito retorna à Terra, "vestindo" um corpo material, tantas vezes quantas necessitarmos para nossa evolução. Outra prova do infinito amor de Deus é o esquecimento do passado, o véu que encobre a lembrança dessas existências.

* Veja no final deste volume mais informações sobre este livro. (N.E.)

Algumas pessoas recordam-se de fatos que ocorreram em outras encarnações, que se referem a momentos marcantes de existências passadas; outras sentem temores para os quais não encontram explicação. Medo de alturas, de lugares fechados, de certos animais, de objetos cortantes etc. São as chamadas "fobias", medos mórbidos e instintivos, aparentemente inexplicáveis, que encontram sua origem em vivências anteriores. Quem, em outra encarnação, foi empurrado do alto de um edifício, por exemplo, poderá, inconscientemente, ser influenciado por essa experiência dolorosa.

Com muita freqüência, as pessoas comentam que se sentem atraídas, à primeira vista, por alguém que mal conhecem ou que sentem aversão por quem nada fez para merecer sua repulsa. Ao visitar um lugar pela primeira vez, às vezes sentem a impressão de que já estiveram naquele local. Essas ocorrências ligam-se, geralmente, a experiências do passado, bem vivas dentro de nós e que ainda nos influenciam na vida presente.

A origem dessa sensação de estar presa, que tanto a incomoda, talvez se encontre em algo que você tenha ouvido – histórias de pessoas enterradas ainda em vida... Em alguns casos, semelhantes ao seu, a causa foi localizada em desencarnação provocada por desmoronamento, asfixia em local fechado ou subterrâneo. É preciso considerar também outra lembrança traumática, na qual desencarnados ainda muito ligados à matéria apegam-se ao corpo físico, sentem-se encerrados na urna funerária e sofrem observando a decomposição do corpo.

Não importa o que aconteceu, não é possível mudar o passado. Recomendo não dar importância a essa sensação, relegando-a, assim, ao esquecimento.

Agradeço sua referência carinhosa ao meu trabalho. Os livros espíritas são, realmente, uma ótima companhia. Levam-nos aonde não podemos ir. Nunca se constrangem diante de nós. Aguardam, serenamente, o momento de serem ouvidos. Não se exaltam, esclarecem sem ferir, não se cansam de repetir os mesmos ensinamentos... Um abraço fraterno.

natal

A senhora acha certo tanto comércio no Natal? Não deveria ser somente uma festa religiosa? Quem foi Jesus para os espíritas?

C., Franca/SP

JESUS É O GRANDE AMIGO, IRMÃO MAIOR E mestre de todos nós. Encarnou na Terra para nos trazer a maior das leis: "Amar a Deus sobre todas as coisas e ao próximo como a si mesmo". Seus ensinamentos são a base religiosa da Doutrina Espírita, que ampliou o entendimento de sua mensagem renovadora em *O Evangelho Segundo o Espiritismo**, de Allan Kardec, nosso livro de cabeceira.

Costumeiramente, nessa época do ano, uma antiga tradição cristã nos leva a presentear aqueles a quem amamos, aproximando-nos e inspirando a fraternidade por todo o mundo. O comércio trabalha para atender a essa demanda, requisitando um grande contingente de pessoas que serão beneficiadas com um ganho extra para o seu sustento, o que é uma bênção para amenizar suas necessidades.

* Veja no final deste volume mais informações sobre este livro. (N.E.)

Arrebatados por esse entusiasmo, não podemos nos esquecer de presentear o aniversariante... Embora seja uma data simbólica escolhida pela Igreja (porque até hoje desconhecemos o dia correto do seu nascimento) devemos nos perguntar o que Jesus gostaria de receber no dia de seu aniversário. Com certeza, o Mestre deseja apenas que seus discípulos o presenteiem seguindo seus ensinamentos... Que estendamos ao próximo o mesmo amor que devotamos a Jesus, não apenas nas festividades de Natal, mas durante o ano inteiro.

Desejo muitas alegrias a você e a todos os leitores. Que a fraternidade esteja presente em nosso coração. Feliz Natal!

obsessão

Estou cumprindo pena numa prisão aqui em São Paulo. Matei um homem e sonho sempre com ele me dizendo que me odeia e que vai se vingar. Será que Deus vai me perdoar? Alguém que já morreu pode prejudicar outra pessoa que está viva? Já não estou pagando o mal que eu fiz contra ele? Isso é da minha cabeça ou pode acontecer?

J. C., São Paulo/SP

DEVEMOS NOS ARREPENDER COM SINCERIDADE de qualquer erro cometido, prezado leitor. Estou certa de que, se você voltasse no tempo, não agiria da mesma forma.

O arrependimento, por si mesmo, não conserta um erro, não o anula. Seu gesto impediu que um espírito prosseguisse seu aprendizado no corpo físico. Na prisão, você está pagando por isso, privado da liberdade, refletindo sobre o mal que praticou.

O remorso, no entanto, nada produz de bom. É um sentimento doentio, obsessivo, que atinge aqueles que não se arrependem de coração. Sinto, porém, no seu caso, que o arrependimento está produzindo bons frutos, conduzindo-o na direção de uma mudança saudável.

Neste momento difícil, você está compreendendo que a violência não se justifica e que a vida é propriedade divina, cabendo apenas ao Pai Celestial retirá-la de alguém.

Deus nos perdoa sempre porque de nada nos acusa. Na verdade, somos vítimas de nós mesmos, do mal que praticamos. É por intermédio dessa lei, de Ação e Reação, de Causa e Efeito, que o Criador harmoniza o universo.

Entenda também que a morte do corpo não significa o nosso fim. Prosseguimos, em espírito, vivendo outras experiências no plano espiritual. Aqueles que persistem no mal, coração fechado para o arrependimento, desviados das leis de Deus, encontram almas afins e unem-se em regiões espirituais tenebrosas, criadas por sua vibração maligna. Permanecerão assim até o momento em que forem capazes de rogar a misericórdia de Deus, arrependidos dos seus crimes e desejosos de reparar suas faltas.

Ninguém é condenado a sofrer eternamente por um crime que cometeu, seja ele qual for. Sofrerá na mesma medida em que prejudicou o próximo, de acordo com sua necessidade de aprendizado, durante algum tempo, o suficiente para a reparação dos males cometidos.

Mas Deus não desampara ninguém. Nunca estamos sós. Desde o nosso nascimento, um espírito protetor nos protege e ampara. Recebemos desse mentor, que muitas pessoas chamam de anjo guardião ou anjo da guarda, bons conselhos, que o nosso livre-arbítrio nos permite seguir ou recusar.

Praticar a caridade e vencer as más tendências, esse deve ser o objetivo daquele que reconhece seus erros e deseja amenizar seu sofrimento. Essa é a recomendação constante dos bons espíritos, que desejam nossa felicidade.

Recupere o tempo perdido buscando oportunidades para ajudar o próximo onde se encontra. Agora, o primeiro passo é perdoar aquele que o persegue espiritualmente.

Rogue o perdão desse espírito sofredor. Em suas orações, peça fervorosamente a Deus que o ilumine, para que ele sinta, em você, o sincero arrependimento. Agindo assim, sentirá um grande alívio e a retirada de um pesado fardo de suas costas.

Lembre-se, Jesus recomendou que perdoássemos tantas vezes quantas fossem necessárias: "Então, Pedro, se aproximando, lhe disse: 'Senhor, quantas vezes perdoarei ao meu irmão quando pecar contra mim? Será até sete vezes?' Jesus lhe respondeu: 'Não vos digo que apenas sete vezes e sim setenta vezes sete vezes'" (Mateus, 18:15, 21 e 22).

Seja bom para com seus companheiros. Aproveite o tempo para estudar. A leitura de *O Evangelho Segundo o Espiritismo**, de Allan Kardec, e outros bons livros espíritas, o ajudarão a melhorar, a encontrar esclarecimento e novas esperanças.

---

* Veja no final deste volume mais informações sobre este livro. (N.E.)

Aos 15 anos, um senhor que era espírita disse que eu tinha mediunidade. Já tive visões ruins de maus espíritos. Já fui vítima de um trabalho, felizmente desmanchado. A pergunta que eu quero fazer é sobre o tão comentado olho gordo. Como devemos agir quando somos vítimas dessa má influência? Tudo estava correndo bem, quando minhas enteadas vieram à nossa casa. Desde então começou uma série de acontecimentos indesejáveis. Estou passando por uma série de dificuldades. Quebra de objetos, surgimento de doenças.

M. T., Taboão da Serra/SP

NO ESPIRITISMO, PREZADA LEITORA, AQUELES que são mais sensíveis aos fenômenos de ordem espiritual são considerados "médiuns". Essas pessoas, por assim dizer, são as intermediárias dos espíritos. *O Livro dos Médiuns**, de Allan Kardec, trata dessa questão no seu 14º capítulo, "Médiuns": "Toda pessoa que sente num grau

* Veja no final deste volume mais informações sobre este livro. (N.E.)

qualquer a influência dos espíritos é, por isso mesmo, médium". Mais adiante, outro esclarecimento: "Entretanto, geralmente, essa qualificação aplica-se apenas àqueles cujo dom mediúnico está claramente caracterizado por efeitos patentes de uma certa intensidade".

Para garantir seu bem-estar, recomendo que procure um centro espírita, onde encontrará assistência espiritual gratuita, bem como cursos que a ajudarão a entender e a lidar melhor com a própria mediunidade. Quando entendemos nossos dons mediúnicos e aprendemos a trabalhar nossas aptidões em favor do próximo, nossa vida transcorre com maior facilidade.

Quanto ao "olho gordo", trata-se simplesmente das vibrações negativas de pessoas invejosas. Esse sentimento – a inveja – prejudica imensamente aquele que o sente. O invejoso é alguém que sofre muito com o sucesso alheio. Desenvolve essa energia negativa que o prejudica e o dirige, impulsivamente, na direção da pessoa a quem inveja.

Aquele que é o alvo dessas vibrações maléficas está arriscado a sofrer sua influência se, por sua vez, também apresentar esse mesmo vício da alma. Quem já se libertou da inveja está a salvo de suas influências. Ela não atinge quem está fora do alcance da faixa vibratória do invejoso...

Aqueles que desejam o bem de todos irradiam bons pensamentos, cultivam o hábito da oração e da leitura sadia, estudam e procuram praticar os ensinamentos do *Evangelho*, estão fortalecidos em Deus. Nessa condição, afastam essas energias maléficas que atingem as pessoas descuidadas.

Psicografei um lindo romance, *O jardim das rosas**, do Espírito Antônio Carlos, que revela a inutilidade de feitiços e "trabalhos", causadores de terríveis sofrimentos para aqueles que, contrariando as leis divinas, recorrem a tais expedientes.

Freqüentando um centro espírita, recebendo passes e estudando o *Evangelho*, você vai ganhar vida nova. Muita paz!

* Veja no final deste volume mais informações sobre este livro. (N.E.)

Meu pai e eu brigávamos muito. Às vezes com motivos, outras vezes por coisas banais. Ele falava sempre que, quando morresse, viria puxar meus pés porque eu era malcriado. Teve um infarto fulminante. Morreu e estávamos brigados. O pior é que ele havia jurado que ia me bater. Estou com medo. À noite parece que sinto que ele está no meu quarto. Falaram-me que as pessoas quando morrem ficam presas aos seus juramentos. Tenho como pedir perdão ao meu pai?

R. A., São Paulo/SP

DEVERÍAMOS PRATICAR O BEM DE TAL FORMA que nunca precisássemos pedir ou mesmo receber o perdão. Quem nunca se sente ofendido ou prejudicado – entendendo em tudo aquilo que o perturba uma lição de vida – não precisa perdoar ninguém porque não sente o peso da mágoa.

Aquele que pretende seguir os ensinamentos do Mestre deveria, ao menos, tentar viver assim. Não é fácil, convenhamos, mas também não é de todo impossível.

Enquanto não alcançamos essa condição, devemos estar sempre dispostos a perdoar e a pedir perdão por nossas faltas. Evitar discussões também é nosso dever cristão. Nunca se sabe o que nos reserva o dia de amanhã. Veja o que aconteceu com seu pai. Desencarnou – expressão que usamos no Espiritismo para nos referir àquele que perdeu o corpo físico –, inesperadamente, depois do desentendimento...

Jesus recomendou que deveríamos ser verdadeiros, respondendo "sim" ou "não". Aquele que segue a Jesus não precisa jurar porque é sincero, diz sempre a verdade.

Não leve além da conta o juramento de seu pai. Quando nos deixamos dominar pela raiva, não medimos nossas palavras. No calor dos acontecimentos, ele o ameaçou impensadamente. Acredito que, agora, refletindo melhor, deseja a paz e o bem-estar de seu filho.

Provavelmente, ele estava brincando quando ameaçou puxar seus pés depois da morte. Já escutei muitas vezes esse tipo de intimidação, pronunciada apenas para atemorizar.

Sempre há tempo para nos desculparmos, prezado leitor. Peça a Deus para que seu pai receba seu pedido de perdão. Seja humilde, sincero, ore fervorosamente. Peça que o perdoe, que entenda que está muito arrependido e que não deseja mais carregar essa mágoa no coração.

A reconciliação será benéfica para ambos. Procure um centro espírita. Além de receber assistência espiritual, encontrará uma porta aberta para ajudar seu pai. Nas reuniões de vibrações, encarnados e desencarnados recebem saudáveis energias espirituais. Peça por seu pai, incluindo-o na relação daqueles que necessitam de fluidos benéficos.

Para compreender a natureza da morte, procure ler os livros espíritas. Neles descobrirá que a vida continua, mesmo depois da morte do corpo. Não perdemos a individualidade, o amor que sentimos pelos nossos entes queridos, nem a possibilidade de continuarmos nos comunicando com eles. Muita paz.

Minha filha é muito nervosa, xinga muito, sente ódio quando algo de bom acontece com seus conhecidos. Nós a amamos muito, mas não sabemos o que fazer. Ela disse para a mãe que não é ela, é outro espírito que está nela. Como ajudá-la?

J. B., São Paulo/SP

DEUS SEMPRE NOS DÁ NOVAS OPORTUNIDADES para aprender, reparar nossos erros e evoluir. Em espírito, retornamos à Terra tantas vezes quantas forem necessárias, "reencarnando" em corpos diferentes. Quando encarnamos, refletimos o que fomos em outras existências e continuamos escravos dos vícios dos quais ainda não nos libertamos.

Sempre encontraremos na Terra amigos dispostos a nos ajudar, bem como aqueles que, não perdoando nossas faltas do passado, tentarão nos prejudicar. Essa perseguição dá origem ao que denominamos, no Espiritismo, de "obsessão". Nesse caso, sua filha estaria sendo influenciada negativamente.

Recomendo recorrer à assistência espiritual prestada gratuitamente pelos centros espíritas. Assim, sua filha receberá o passe, que nada mais é do que a transmissão de energias benéficas por meio do médium. Além disso, os espíritos que eventualmente a acompanham serão orientados a afastar-se. Paralelamente a essa assistência, recomendo um tratamento psicológico. Consulte um terapeuta de sua confiança que a oriente.

Outra sugestão: reúnam-se uma vez por semana, sempre no mesmo dia e horário, para orar e estudar as orientações de Jesus contidas no *Evangelho*. Tenha paciência. Ajude-a a libertar-se de seus vícios com amor, mas faça valer também a disciplina. Que Deus as proteja.

perda

Minha vida tem ficado cada vez pior. Pedi demissão de um bom emprego e agora não consigo arrumar outro. Perdi muitos bens. Sou casado e tenho dois filhos.

CLÁUDIO, SÃO PAULO/SP

PREZADO CLÁUDIO, NÃO SE DESESPERE. PROcure meditar e faça uma lista de tudo aquilo que ainda está em suas mãos. Agradeça a Deus a saúde, que é um bem inestimável. Você é capaz de andar, falar, escutar, enxergar... Lembre-se de que seus afetos – a esposa, que é sua companheira nesses momentos difíceis, seus lindos filhos, seus pais, amigos, parentes – também representam uma fortuna de valor incalculável. Entenda que tudo o que perdeu foram apenas bens materiais, que poderão ser recuperados pelo seu esforço e dedicação.

Quanto ao trabalho profissional, lembre-se das palavras de Jesus: "Pedi e se vos dará; buscai e achareis; batei à porta e se vos abrirá, pois todo aquele que pede recebe, e quem procura acha". Não se limite, avalie suas possibilidades, procure uma oportunidade em outras áreas. Ofereça-se para trabalhos temporários até encontrar um emprego fixo.

Em momentos de dificuldade como esse, devemos voltar a atenção para Deus e pedir forças para superar nossas aflições. Volte-se para sua religião, ore fervorosamente e peça o que mais necessita neste instante. Reúna a família, leia um trecho do *Evangelho* e façam suas orações.

Convido-o também a visitar um centro espírita, onde encontrará quem irá ouvi-lo e auxiliá-lo. Lá irá receber o passe, que nada mais é que a transmissão de energias que o auxiliarão a sentir-se melhor. Que Deus o abençoe e o oriente. Muita paz.

Sempre leio seus artigos. Gostaria de saber o que acontece comigo, pois nada mais dá certo na minha vida. Tive tudo: loja com 19 funcionários, carros, casas, fazenda. Perdi tudo, inclusive a mulher. Não tenho vícios. Nunca tive amantes. Estou tentando recomeçar, mas não consigo progredir. Arrumei um novo amor, me apaixonei e novamente fui abandonado. Tenho 59 anos.

A. L., São Paulo/SP

ÀS VEZES, TEMOS A SENSAÇÃO DE QUE PERdemos tudo. Mas basta refletir melhor para compreender que ainda ficamos com muita coisa. Esse é o seu caso, graças a Deus.

No Espiritismo, entendemos por encarnado alguém que, em espírito, encontra-se ligado ao corpo físico, vivendo uma existência no mundo material. Você está encarnado, enxerga, comunica-se, locomove-se... Seu corpo saudável permite tudo isso. A saúde é um dos maiores patrimônios que Deus nos legou. De que valem os bens materiais se não tivermos saúde para usufruí-los? Os bens materiais são transitórios, empréstimos de Deus, dos quais Ele pode dispor por intermédio das leis divinas. Apesar das perdas que você relatou, a divina providência permitiu que você conservasse a saúde, condição indispensável para prosseguir sua jornada terrestre. Esse é, sem dúvida, um bem de valor inestimável...

Em sua carta, você não mencionou o que aconteceu. Será que, por algum motivo, você negligenciou seus negócios? Simples descuidos às vezes causam muitos transtornos e provocam, tempos depois, sérios prejuízos. Não culpe outras pessoas. Analise bem a situação. Rever nossas atitudes contribui para evitar repetir os mesmos erros, nos poupando de maiores sofrimentos.

Sem dúvida, é muito importante não ter vícios. Mas ainda não é o suficiente. Precisamos ter virtudes! Seja otimista. Persevere. Resigne-se diante da vontade de Deus. Devemos recomeçar tantas vezes quantas se fizerem necessárias. Dedique-se, com empenho, às atividades profissionais. Estamos atravessando um período que exige muito esforço da nossa parte para alcançarmos a melhoria da condição material. Talvez não seja fácil recuperar tudo o que perdeu, mas perseverando no trabalho honesto, conseguirá manter-se com dignidade.

No amor, procure tranqüilizar seu coração. Permita que as coisas aconteçam naturalmente para atrair alguém com quem compartilhará seu dia-a-dia, um afeto que renovará sua disposição e alegria de viver.

Volte-se à sua religião. A religiosidade é o pão do espírito. Procure conhecer melhor a Doutrina Espírita. Os livros espíritas o ajudarão a enxergar o destino de outro modo, a entender e a superar suas dificuldades. No livro

*Sinal verde**, do Espírito André Luiz, psicografado por Francisco Cândido Xavier, encontram-se valiosos preceitos de vida que certamente redobrarão seu ânimo: "A tarefa parece fracassar? Siga adiante, trabalhando, que muita vez é necessário sofrer, a fim de que Deus nos atenda à renovação". Muita paz!

* Veja no final deste volume mais informações sobre este livro. (N.E.)

perda de entes queridos

Perdi minha mãe, ela tinha 70 anos, era uma mulher forte. Teve um derrame, ficou na UTI e morreu. A dor que sinto é gigantesca. Morávamos juntos, ela, eu e meu irmão tetraplégico, de quem mamãe cuidava com muito carinho. Ao visitá-la no hospital, senti que ela queria me dizer algo e não conseguiu. Por favor, me dê uma orientação.

R. S. O., OSASCO/SP

QUANDO, EM ESPÍRITO, DEIXAMOS O CORPO FÍsico que se encontra morto, naturalmente esgotadas suas possibilidades de vida, passamos a viver na espiritualidade. Continuamos os mesmos depois da passagem, apenas mudamos de plano. No mundo dos espíritos, não perdemos a individualidade, continuamos amando os nossos afetos e nos preocupando com eles. Guardamos todas as alegrias, os momentos de felicidade, em nossa memória, impressões que não se apagam com a nossa partida do plano material.

Sendo assim, não perdemos ninguém. A desencarnação – essa mudança de plano – não separa espiritualmente aqueles que se amam. Sentimos, é claro, a ausência física daqueles que deixamos na Terra, mas permanecemos unidos em pensamento pelo carinho que ainda devotamos a quem amamos quando encarnados.

Quem é mãe sempre se preocupa com seus filhos. Sua mãe, de acordo com a carta que você escreveu, foi um exemplo de perseverança e bondade. Pressentindo que iria partir, ou desencarnar, como nos expressamos no Espiritismo, preocupou-se com seus amados filhos. Estou certa de que ela pediria a vocês, se pudesse manifestar-se agora, que não continuassem sofrendo com sua partida e que permanecessem juntos, ajudando-se mutuamente.

Creio que sua mãezinha, quando encarnada, preocupou-se mais com seu irmão devido à sua condição física, que exigia que ela se empenhasse mais em ampará-lo. Talvez seja desejo dela que você cuide de seu irmão com o mesmo carinho que ela tanto demonstrou. Se isso for possível, siga o seu exemplo. É certo que, agindo assim, irá alegrar o coração de sua mãe que, na condição em que se encontra temporariamente, está impossibilitada de ajudá-los materialmente.

Entendo e respeito seu desespero, mas não continue assim. Na oração você encontrará fortalecimento para superar esse sofrimento. Com a intenção de ajudá-la, transcrevo uma prece que muito me confortou em momentos difíceis: "Senhor Deus, Pai dos que choram, dos tristes, dos oprimidos, fortaleza dos vencidos, consolo de toda a dor, embora a miséria amarga dos prantos de nosso erro, neste mundo de desterro, chamamos por Vosso amor. Nas aflições do caminho na noite tormentosa, Vossa fonte generosa é o bem que não secará. Sois, em tudo, a luz eterna da alegria e da bonança, nossa porta de esperança que nunca se fechará". Essa é "A Prece dos Aflitos", pronunciada por Abigail, uma personagem marcante do livro *Paulo e Estevão* (Rio de Janeiro: Federação Espírita Brasileira), do Espírito Emmanuel, psicografado pelo nosso querido e saudoso Francisco Cândido Xavier. Que Jesus a console, querida leitora.

Meu pai morreu e o que nos consolou foi o livro Violetas na janela*. *Gostaria que me orientasse como devemos ajudá-lo e que nos indicasse outro livro, em que a pessoa morreu na idade adulta.*

GLÓRIA, RIO DE JANEIRO/RJ

NOSSOS ENTES QUERIDOS, CUJOS CORPOS FÍsicos cessaram suas funções, continuam vivos no outro lado da vida. Léon Denis, um grande estudioso, escritor e orador espírita, contemporâneo de Allan Kardec, afirmou, poeticamente, uma grande realidade: "Os mortos são os vivos do Céu". O Espírito Patrícia, no livro *Violetas na janela**, nos ajuda a compreender essa afirmação e por que não devemos nos desesperar nem nos revoltar por ocasião da "desencarnação". Inevitavelmente todos nós deixaremos a matéria para retornarmos ao mundo espiritual. Praticando o bem, seremos amparados nessa transição diante da qual todos nós devemos nos resignar... Nosso corpo voltará à natureza e, em espírito, continuaremos a

* Veja no final deste volume mais informações sobre este livro. (N.E.)

viver. Nossos sentimentos não se perderão e, um dia, reencontraremos aqueles a quem amamos.

As obras espíritas nos esclarecem quanto a essa realidade. O Espírito André Luiz, por intermédio do médium Francisco Cândido Xavier, escreveu uma série desses livros. No primeiro deles, *Nosso lar* (Rio de Janeiro: Federação Espírita Brasileira), relata sua desencarnação e explica com clareza como é a vida na colônia para onde foi conduzido.

Ajude seu pai transmitindo otimismo e esperança. Peça fervorosamente a Deus que o ampare. Assim, ele se sentirá reconfortado. Seus bons pensamentos irão contribuir para a felicidade de ambos. Agradeço seu carinho, desejando muita paz.

Meu pai e meu irmão faleceram num acidente de carro. Minha mãe está inconformada e quer morrer. Minha irmã e eu estamos sofrendo. Como ajudá-la?

ROSE, SÃO PAULO/SP

ROSE, CONVIDE SUA IRMÃ E REÚNAM-SE COM sua mãezinha para uma conversa sincera. Expliquem carinhosamente que a amam e que estão preocupadas porque já perderam muito e não desejam também ficar sem ela. Não escondam que estão sofrendo, mas digam que é preciso aceitar o que não é possível mudar e que pretendem, unidas e resignadas, enfrentar esse período difícil.

Durante essa conversa, procurem esclarecê-la, fazendo-a aceitar que a permanência na Terra é por um tempo determinado. Não podemos abreviar essa estadia. Depois da morte do corpo, nossa alma sobrevive. É quando mudamos de residência para o mundo espiritual, onde a vida continua...

É muito importante esclarecer sua mãe e confortá-la, evitando que seu pai e seu irmão, onde se encontram agora, sejam perturbados. Façam suas orações e peçam a Deus que eles estejam bem, vivendo num lindo lugar, amparados por espíritos benfeitores.

Os livros espíritas ajudam a entender melhor essa realidade. Um deles é o romance *O céu pode esperar**, do Espírito Antônio Carlos, que psicografei recentemente. Leia-o e comente com sua mãe. Quem sabe ela se anime a conhecer a interessante história de Pedro, que um dia também perdeu um ente querido e, deprimido, quis morrer. No decorrer desse relato emocionante e ao mesmo tempo bem-humorado, uma grande "virada" mudou completamente o destino desse homem, o que poderá, também, acontecer com sua mãe. Felicidades.

* Veja no final deste volume mais informações sobre este livro. (N.E.)

perdão

Meu marido me abandonou, me deixando com dois filhos pequenos. Foi com muitas dificuldades e trabalho que consegui sustentá-los. Hoje estão casados e bem. Não quis arrumar mais ninguém. Sou espírita, trabalho em ajuda ao próximo. Leio seus livros e recomendo-os, pois gosto muito. O que me preocupa e peço sua ajuda, é que meu filho mais novo me odeia, me diz isso e não me perdoa por seu pai ter nos deixado. Sinto-me triste por isso.

D. A. S., São Paulo/SP

AGRADEÇO SEU INCENTIVO E CARINHO. A REENcarnação é a demonstração da imensa bondade de Deus para conosco. Em sua infinita sabedoria, o Pai Celeste não nos castiga nem nos dá privilégios. Somos aquilo que construímos, "a cada um segundo suas obras".

Ao exercer o livre-arbítrio, plantamos o que queremos, obrigando-nos à colheita obrigatória. Nas idas e vindas entre o plano espiritual e a vida no corpo físico, cometemos erros e acertos. Precisamos consertar nossos erros, reparar o mal que cometemos e nos reconciliarmos com aqueles a quem prejudicamos. Não há melhor oportunidade para essa reconciliação que nos encontrarmos, reencarnados, no lar, unidos pelos laços de família.

Essa união exige muita dedicação da nossa parte. Tenho escutado muitas queixas das dificuldades que as pessoas encontram para se harmonizar com seus familiares. Nesses casos, se existe tanto rancor e ódio entre aqueles que dividem o mesmo teto, isso acontece porque ainda não conseguiram se amar. Não compreenderam a divina oportunidade que Deus está proporcionando a eles por intermédio dessa abençoada reaproximação.

Se os desafetos se reencontram, é para se tornarem amigos.

Não se abale, querida leitora. Continue amando seu filho. Ao escutar "Eu te odeio", responda com o coração: "Mas eu te amo!". Demonstre todo o seu amor, tratando-o carinhosamente, perdoando-o. Não se impressione com a resistência dele. Tenho certeza de que, agindo assim, irá cativar seu filho, revertendo essa situação.

No livro *Reconciliação**, que o Espírito Antônio Carlos escreveu por meu intermédio, encontramos a história verídica de Raul e Ricardo. Reencarnando por duas vezes ao lado do desafeto do passado, na condição de seu filho, Ricardo vive situações dramáticas. Nesse livro, na espiritualidade, a avó de Raul explica: "As religiões cristãs nos dão grandes exemplos nos *Evangelhos*, na vida de Jesus, que perdoou na cruz aqueles que lhe quiseram mal. Esses ensinamentos maravilhosos são muito esquecidos e os orgulhosos se ofendem muito com

---

* Veja no final deste volume mais informações sobre este livro. (N.E.)

as más ações que recebem, e não perdoam. O rancor, o ódio, são pesos que os seguram na Terra; não perdoando não podem vir para cá".

Continue ajudando o próximo e se fortaleça na oração. Lembre-se de que é praticando o bem que nos tornamos bons. Abraço.

Tenho lido em seus livros e nesses artigos que a senhora recomenda perdoar. Mas às vezes é tão difícil. Meu filho, uma jóia, uma pessoa encantadora, foi assassinado num assalto. Dois jovens, para roubar, o mataram. Estão presos, mas como são menores me pergunto: até quando ficarão detidos? Como perdoar os assassinos do meu filho?

M. J., Campinas/SP

TAMBÉM SOU MÃE E ENTENDO COMO É DOLOrida a separação de um filho tão querido. Mas entenda que a vida continua para aqueles que perderam o corpo físico, simplesmente porque o espírito não morre, apenas muda de plano... Saiba que, se o seu filho perseverou no bem durante sua jornada na Terra, recebeu, em contrapartida, a misericórdia de Deus. Foi auxiliado e amparado nessa transição da alma. Benfeitores espirituais o auxiliarão a entender melhor a realidade do mundo onde se encontra, onde será encaminhado ao estudo e ao trabalho em favor do próximo.

Por isso, não há o que temer, prezada leitora. Não sabemos os comprometimentos espirituais de seu filho, mas asseguramos, à luz do Espiritismo, que o Pai Celeste não desampara as almas aflitas. Nesse instante, ele necessita de sua oração para recuperar a serenidade e conformar-se. Siga os ensinamentos de Jesus: perdoe 70 vezes sete. Liberte-se do sofrimento, perdoando os criminosos. Por intermédio da Lei de Ação e Reação, essas criaturas receberão a justa colheita do mal que semearam em corações alheios.

Jesus perdoou seus perseguidores, nos dando um exemplo do poder do amor. Não guarde mágoa. Esse sentimento a prejudicará e certamente não ajudará seu filho. No romance *Flores de Maria**, do Espírito Rosângela, que psicografei, entendemos melhor a natureza do mundo espiritual e as razões da partida daqueles que se despediram de nós ainda na flor da idade. Confie em Deus. Muita paz.

* Veja no final deste volume mais informações sobre este livro. (N.E.)

Um amigo meu morreu em um acidente. Nos conhecíamos desde a época da escola. Tive um envolvimento com ele, mesmo sabendo que era casado. Houve mágoas, tristezas, brigas, revelações e desilusões, rompimento de um casamento e de uma amizade. Será que ele me perdoou?

A. L., São Vicente/SP

NÃO SE AMARGURE PELO QUE ACONTECEU. Quando reconhecemos nossos erros e nos arrependemos, estamos a caminho da reparação. Esse relacionamento serviu para você entender que não devemos construir nossa felicidade sobre a tristeza de outras pessoas. Devemos viver intensamente no bem, preparados para retornar, a qualquer instante, ao mundo espiritual. Essa vivência exige, de nossa parte, aprender a perdoar e a pedir perdão sempre que necessário, conforme Jesus nos ensinou.

Quando as funções do corpo cessam, nos libertamos para viver a vida do espírito. Nessa mudança de plano, nos acompanham apenas as nossas obras, que são as reações diante de nossas ações. Se fizermos por merecer, seremos amparados e socorridos, segundo o bem que semeamos no coração alheio.

Seu ex-namorado necessita de suas preces para se tranqüilizar. Em oração, peça o seu perdão. Deseje que esteja bem, que Deus o ajude a desprender-se de suas lembranças dolorosas e que aceite a desencarnação, perdoando-a e também a todos aqueles a quem deixou para trás. No livro *Violetas na janela**, que psicografei, o Espírito Patrícia explica como é importante orarmos pelos desencarnados, ajudando-os a libertarem-se de suas mágoas e preocupações: "Esses fluidos, energias, são maravilhosos, fazendo muitos desencarnados chorarem emocionados". Seja sempre caridosa, faça o bem. Desejo-lhe muita paz.

* Veja no final deste volume mais informações sobre este livro. (N.E.)

reencarnação

> *Se, pela reencarnação, pagamos nossos erros do passado, por que devemos ajudar os que sofrem? Eles não estão pagando suas dívidas?*
>
> M. G., Piracicaba/SP

AS PALAVRAS DE JESUS, "NINGUÉM PODE VER o reino de Deus se não nascer de novo" (João, 3:1 a 12), a Nicodemos, um senador judeu, confirmam-se no Espiritismo. Aprendemos que Deus não condena nem dá prêmios. Somos nós mesmos, por nossas próprias atitudes, que construímos nossa vida. Nosso livre-arbítrio nos permite plantar o que desejarmos – o bem ou o mal –, mas a colheita será, necessariamente, obrigatória... Quem semear a dor, colherá a amargura. Quem plantar o amor, a caridade, receberá, em contrapartida, os frutos da felicidade. Nossa grande consolação é a possibilidade de repararmos as conseqüências de nossos maus atos. Construirmos onde um dia causamos a destruição. A misericórdia de Deus nos possibilita reencarnar tantas vezes quantas necessitarmos: renascemos em corpos diferentes para progredir.

Contudo, nem todos os sofrimentos são causados por erros do passado. É preciso levar em conta nossas faltas do presente, e também o nosso próprio desejo de nos provar, submetendo-nos a verdadeiros testes, quando nos purificamos e apressamos nossa evolução. Aprendemos, assim, a perdoar, a sofrer resignadamente diante daquilo que não somos capazes de mudar... O *Evangelho* nos recomenda fazer ao próximo o que desejamos para nós mesmos. É assim que devemos agir diante de quem está sofrendo. Qual de nós um dia não necessitou de ajuda? Quem poderia afirmar que nunca vai precisar de algum auxílio? Aquele que está padecendo é nosso semelhante. Devemos ajudá-lo e não questionar seu sofrimento.

Leia *Reparando erros de vidas passadas**, do Espírito Antônio Carlos. Esse lindo romance que psicografei é uma proveitosa lição de fraternidade. Sendo caridosos, aprendendo a amar e praticando o bem, estaremos mais perto da bondade que Jesus exemplificou.

* Veja no final deste volume mais informações sobre este livro. (N.E.)

relacionamento amoroso

Tenho pensado muito no que devo ter feito em outras existências. Sou casada há nove anos, não consigo me relacionar sexualmente com ele, apesar de amá-lo muito. Cresci escutando que sexo era sujo e pecado, já consultei uma psicóloga. Quero ser mulher e não consigo.

M. M., São Paulo/SP

NO ESPIRITISMO, DESCOBRIMOS QUE O CRIADOR, por intermédio da reencarnação, nos dá inúmeras oportunidades para evoluirmos, tantas quantas necessitarmos para o nosso aprendizado. Vivemos muitas existências e, a cada uma delas, damos um passo em direção ao progresso. Nessa caminhada, cometemos muitos erros, mas não devemos nos prender ao passado, simplesmente porque é impossível modificá-lo...

Se algumas lembranças nos perturbam, é necessário entender por que isso está acontecendo e superar essa influência. O sexo faz parte da vida, o amor se completa na relação sexual. Não devemos abusar do sexo porque tudo o que usamos indevidamente nos traz conseqüências desagradáveis. Os exageros e a promiscuidade sexual nos causam sérios transtornos, como as doenças sexualmente transmissíveis (DST), a desarmonia emocional e os processos obsessivos. Entre aqueles que se amam, o relacionamento sexual é abençoado por Deus.

Procure um terapeuta especializado na área da sexualidade. Informe-se, marque uma consulta. Se possível, recorra também a um centro espírita, onde encontrará assistência espiritual. Leia *O Evangelho Segundo o Espiritismo**, de Allan Kardec. Nos livros espíritas, você vai descobrir a realidade da vida espiritual. Faça suas orações com fervor. Você merece ser feliz ao lado daquele que escolheu para ser o pai de seus filhos. Que Deus os abençoe.

* Veja no final deste volume mais informações sobre este livro. (N.E.)

Nunca tive sorte no amor. Meu ex-namorado, que parecia superapaixonado por mim, mudou seu comportamento para um distanciamento total. Sofro muito com isso. Será que fiz algo tão ruim assim na outra vida para ficar tão só? Por favor me dê uma luz.

M. F., São Paulo/SP

MUITAS VEZES, ATÉ ENCONTRAR A PESSOA certa a quem vamos entregar o coração, nos envolvemos em relacionamentos breves e impetuosos, que não atendem às nossas expectativas. Nesses casos, o melhor é a separação. Esses relacionamentos de pouca duração acontecem, quase sempre, quando nos apaixonamos. A paixão é um sentimento intenso, que lembra muito uma tempestade de verão: passa depressa e sempre deixa alguns estragos pelo caminho...

Procure o amor, prezada leitora. O amor não passa, porque é fortalecido na amizade e na benevolência. Procure esquecer seu ex-namorado. Pessoas como ele geralmente se entusiasmam, se apaixonam de repente, para, logo em seguida, mudar de idéia... Não repita, por favor, que não tem sorte. É uma afirmação negativa e sem fundamento.

Talvez, até agora, você não tenha dado o devido valor e atenção à pessoa certa. Não seja precipitada, tenha calma. Procure amar e valorizar a si mesma, deixando de lado esses pensamentos negativos. Assim, irradiará simpatia e atrairá pessoas que se encontram nessa mesma sintonia.

Enquanto espera um novo amor, que tal fazer alguma coisa em favor daqueles que também estão carentes de afeto? Um trabalho voluntário, por exemplo... Visitar enfermos em hospitais, crianças nos orfanatos ou mesmo rever familiares e amigos, levando a eles atenção e carinho? Distraia-se um pouco. Assista a bons filmes, leia, passeie, amplie suas atividades e suas amizades.

Você me pede uma luz. Com certeza encontrará essa luz nos livros espíritas, na leitura do *Evangelho*. Convido-a a visitar um centro espírita, a receber o passe e orar junto de outras pessoas. Desejo que encontre o verdadeiro amor junto a alguém que seja carinhoso e que dê a você o valor que merece. Seja feliz.

relacionamento familiar

Estou me iniciando no Espiritismo.
Nunca tive um relacionamento bom com o meu pai.
Depois que a minha mãe faleceu, está bem pior.
Eu o culpo por muitas coisas e não consigo ter
um pingo de carinho por ele. Ele está morando sozinho
e estou em dúvida se mudo minha vida chamando-o
para morar comigo. Estou lendo seu livro
Conforto espiritual* *e estou encantada.*

MYLENE, SÃO PAULO/SP

A VIDA NOS APROXIMA DOS DESAFETOS DO PASsado para que possamos reconciliar-nos e aprender a amar. Somos irmãos e precisamos viver bem com todas as pessoas, e, em especial, com aqueles que estão ao nosso lado. Em "Honrai vosso pai e vossa mãe", 14º capítulo de *O Evangelho Segundo o Espiritismo**, de Allan Kardec, aprendemos que a misericórdia de Deus nos aproxima daqueles a quem devemos perdoar. Reencarnamos juntos para superarmos os desentendimentos do passado e ganharmos novos aprendizados.

* Veja no final deste volume mais informações sobre este livro. (N.E.)

Tenha paciência com seu pai, Mylene. Evite discussões e, na medida do possível, procure suprir suas necessidades. Quanto a residir juntos, analise bem a questão. Ele deseja morar com você? Talvez prefira continuar sozinho, viver solitário, o que é uma opção que deve ser considerada. Com certeza você está magoada e não será recomendável, nessa condição, conviverem sob o mesmo teto. Não é melhor evitar desentendimentos? Se realmente deseja essa aproximação, procure, devagarinho, conquistar a confiança dele. Acompanhe-o, por exemplo, em seus passeios, em visitas aos amigos, nas consultas médicas, ajude-o nas tarefas domésticas, nas compras... Siga os ensinamentos de Jesus e ame-o de coração, sem nada esperar em troca.

Continue estudando o Espiritismo, que tanto nos ajuda a compreender melhor a vida. Recomendo a leitura de *Reconciliação**, do Espírito Antônio Carlos, o primeiro livro que psicografei. Esse lindo romance contribuirá para você entender os relacionamentos familiares à luz do Espiritismo. Muita paz e feliz Dia dos Pais!

---

* Veja no final deste volume mais informações sobre este livro. (N.E.)

Sou casada há seis anos. Eu e meu marido começamos a freqüentar um curso kardecista. Ele melhorou muito seu comportamento, mas quando fica irritado ainda grita com todos. Depois de mais ou menos duas horas, comporta-se como se nada tivesse acontecido.

S. G., São Paulo/SP

DIALOGANDO, RESOLVEMOS A MAIOR PARTE dos nossos problemas. Aproveite quando seu marido estiver calmo para comentar suas atitudes. Disponha-se a escutá-lo e procure entender o que realmente o leva a agir dessa forma. Seja sincera, expresse sua tristeza, seu desagrado e o medo que sente nessas ocasiões.

No centro espírita, procure acompanhá-lo na assistência espiritual. Os passes são extremamente benéficos para pessoas que, a exemplo dele, se destemperam diante das contrariedades. O passe é uma doação de amor que recebemos dos benfeitores espirituais por intermédio dos médiuns. É uma abençoada transfusão de fluidos restauradores que nos dão uma nova disposição para viver.

Continue a estudar o Espiritismo. Esse estudo a ajudará a ganhar forças para modificar-se e compreender melhor a natureza de suas próprias dificuldades. Recomendo ainda o estudo do *Evangelho* no lar, que é uma prática abençoada para harmonizar a família. Uma vez por semana, no mesmo dia e horário, faça uma prece, abra o *Evangelho*, leia um trecho e comente o que entendeu a respeito. Convide seu marido e demais familiares a participarem e a expressarem seus comentários. Depois, faça uma vibração de amor em favor dos amigos, vizinhos e parentes. Encerre a reunião com uma oração.

Tenha paciência, prezada leitora. Com sua delicadeza e dedicação, tudo se resolverá. Que Deus a abençoe.

Minha mãe, uma pessoa muito boa, sofre muito com o meu pai, que é agressivo e com o meu irmão mais velho que só dá preocupações. Por que alguém como ela sofre na tentativa de ajudar as pessoas que ama?

N. M., CAMPINAS/SÃO PAULO

O ESPÍRITO EMMANUEL, POR INTERMÉDIO DE Francisco Cândido Xavier, escreveu um romance belíssimo, *Renúncia* (Rio de Janeiro: Federação Espírita Brasileira). Trata-se da história verídica e maravilhosa de Alcione, um espírito moralmente esclarecido e bondoso, que reencarnou com o intuito de ajudar alguém a quem amava muito.

Há uma certa semelhança entre Alcione e sua mãe: ambas renunciaram a si mesmas, em favor daqueles a quem desejaram ajudar a evoluir na direção de Deus. Sua mãe, uma pessoa tão dócil e resignada, certamente pediu para reencarnar, casar com seu pai e receber um filho necessitado de disciplina e amor.

Muitas vezes, a renúncia traz algumas dificuldades. Esse é o amor verdadeiro, sentimento sem egoísmo. Aqueles que aprendem a amar assim preferem estar junto de seus afetos para ajudá-los. Procure auxiliar sua mãe, seja uma filha exemplar, alegre e carinhosa. Ela precisa de seu apoio. Siga seu exemplo, aprenda a amar realmente, deixando o egoísmo para trás.

Conheço muitos casos como esse, principalmente por parte daqueles que recebem afetos do passado na condição de filhos, uns necessitados de aprendizado por deficiência física ou mental e outros que permanecem durante pouco tempo encarnados, voltando à espiritualidade ainda crianças ou jovens. Sofrem muito com isso, mas pediram para estar ao lado deles, ainda que enfrentando tantas dificuldades. Somente aqueles que amam de verdade são capazes de compreender esses sacrifícios, próprios de almas mais elevadas do que nós. Muita paz.

suicídio

Tentei o suicídio por duas vezes, acho a vida sem atrativos. Não acredito que se eu me suicidar vou para o inferno pela eternidade. Minha vizinha que é espírita me disse que ninguém sofre pela eternidade, mas que é muito difícil a sobrevivência de um suicida. Queria saber sua opinião.

V. M. L., São José dos Campos/SP

ESTAMOS ENCARNADOS POR MOTIVOS DIVERSOS, que resumem um grande aprendizado, uma abençoada lição de vida. Nossa existência está, por assim dizer, programada por um determinado tempo. Não temos o direito de abreviá-la. A Terra é um mundo de expiação e provas, onde sofremos a conseqüência dos nossos atos, desta e de outras existências. Colhemos o bem ou o mal que semeamos, inevitavelmente.

Sua carta não menciona o motivo de seu desencanto. Considerando a possibilidade de estar desiludido com alguém ou contrariado em seus interesses, gostaria que refletisse melhor sobre a natureza da felicidade.

Aprendemos, no Espiritismo, que não devemos confundir os prazeres da vida com a verdadeira felicidade. O prazer é passageiro, fala aos nossos sentidos apenas durante algum tempo. Depende, quase sempre, de outras pessoas, de atos exteriores e de nossas posses materiais.

A maioria considera-se infeliz quando não alcança o objeto de seus desejos ou não satisfaz suas vontades. Na verdade, a felicidade é um estado de espírito. Depende apenas de nós mesmos, da consciência tranqüila, de nossa paz interior.

Procure, agora mesmo, ajuda médica para vencer essa depressão. Terapeutas habilitados o ajudarão a superar esse momento difícil. Sua vizinha certamente o acompanhará ao centro espírita, onde você receberá o passe, que nada mais é do que uma transmissão de energias benéficas. O auxílio espiritual, neste instante, é muito importante para você recuperar suas forças e disposição interior. Os livros espíritas também serão úteis, leia-os com atenção.

Lembre-se: o suicídio não liberta ninguém do sofrimento, muito ao contrário, agrava ainda mais os males daqueles que recorrem a essa falsa alternativa de libertação. Aqueles que se suicidaram nos relatam muitos sofrimentos, que ainda os alcançarão na próxima encarnação... O que morre é o corpo físico. A alma sobrevive a essa perda, mas fica marcada por um gesto que a compromete perante as Leis de Deus.

Não fuja da vida, prezado leitor. É preciso reagir! Encontre uma razão para viver. A vida é uma só, continuamos vivos na espiritualidade. Estude, conheça outras pessoas, faça novos amigos, procure amar a si mesmo...

Um trabalho voluntário o ajudará muito. Enxugando as lágrimas alheias, você encontrará alívio. Sentimo-nos alegres quando proporcionamos a alegria do próximo. Seja feliz!

Já tentei o suicídio duas vezes. Não quero acabar com a vida, mas tenho medo do que pode me acontecer depois. Estou sofrendo muito. Ajude-me, por favor.

S. A., Taboão da Serra/SP

CERTAMENTE, VOCÊ NÃO ESTÁ QUERENDO acabar com sua vida, querida leitora. Na verdade, deseja apenas pôr um fim às dores que a afligem. Compreendo suas dificuldades, mas não é possível "matar" o sofrimento. É preciso reagir, ser forte e vencê-lo, não atentar contra si mesma. Aqueles que abreviaram sua existência na Terra, em busca de alívio, encontraram um tormento ainda maior no mundo dos espíritos. A morte do corpo é apenas o fim de uma etapa e o início de outra. No livro *O que encontrei do outro lado da vida** – que psicografei amparada por Antônio Carlos – vários espíritos explicam sua passagem para o outro mundo, uma verdadeira lição de vida.

No Espiritismo, aprendemos a compreender a causa de nossos sofrimentos. Às vezes, sofremos mais

* Veja no final deste volume mais informações sobre este livro. (N.E.)

porque somos mais sensíveis ou por nos culparmos em demasia. Para vencer de vez o sofrimento, precisamos perdoar a nós mesmos e àqueles que nos prejudicaram ou nos ofenderam, libertando-nos da mágoa, do ódio e do ressentimento. Perdoar e compreender quem nos rodeia é o nosso primeiro passo para viver melhor este estágio no mundo material.

Viva o presente fazendo o melhor que está ao seu alcance e não se preocupe obsessivamente com o futuro. Procure distrair-se, leia bons livros. A literatura espírita é rica em consolação e a ajudará a enfrentar a realidade.

Envolva-se na luz do *Evangelho* de Jesus, leia seus ensinamentos. Volte-se para Deus. Se não freqüenta um templo religioso, visite um centro espírita. Com certeza, lá encontrará alguém que irá ajudá-la nessa fase difícil, mas transitória, de sua vida. Lembre-se sempre de que você é filha de Deus. O Pai Celeste a ama. Aprenda a amar a si mesma para viver melhor e amar ao próximo. Ânimo, força e alegria!

trabalho voluntário

Participei de um trabalho voluntário em que, junto de outras pessoas, íamos a orfanatos. Como achei que não estava sendo útil, deixei de ir. Sonhei uma noite com os garotos e escutei uma voz me dizendo que deveria voltar a visitá-los. A senhora acha esse trabalho importante?

NEUSA, RIO DE JANEIRO/RJ

NEUSA, TODO O BEM QUE FAZEMOS AO PRÓximo é muito importante. Admiro o trabalho voluntário, que sempre resulta no bem-estar de alguém. Visitas festivas a asilos, orfanatos e até a hospitais são sempre muito bem-vindas. Para descobrir a importância desse trabalho, pergunte àqueles que recebem os benefícios da presença desses voluntários. Vai se surpreender com as respostas.

Os internos de instituições aguardam com ansiedade essas datas, simplesmente porque, nessas ocasiões, se sentem queridos, valorizados e lembrados... O coração deles transborda de alegria diante desses verdadeiros mensageiros da esperança...

Recentemente, psicografei um romance do Espírito Antônio Carlos, *O sonâmbulo**, que relata a vida de Daniel, um menino que, no orfanato, ganha o apelido de Nic. Tempos depois, em espírito, Daniel relembra essa época: "Ficávamos eufóricos quando recebíamos visitas e elas nos traziam presentes ou organizavam festas e brincadeiras. Éramos todos carentes; então, como era importante para nós essas atenções! Às vezes, grupos de jovens passavam a tarde conosco, organizando jogos, traziam bolos, balas e brinquedos. Gostava muito quando eles tocavam violão e nos ensinavam a cantar".

Mais tarde, envolvendo-se em acontecimentos infelizes, Daniel é internado num sanatório: "Representantes de três religiões se prontificaram a nos visitar: evangélicos, católicos e espíritas. Eu ia a todos os encontros. E como me fez bem conhecer religiões!".

Os seres humanos necessitam um do outro. Se nos encontramos em condições de ajudar, não percamos essa oportunidade. Retome o seu trabalho voluntário. Visite essas crianças que, temporariamente, se encontram em orfanatos, distantes do convívio familiar. Seja amiga delas! Quem faz o bem, é para si mesmo que o está fazendo. Aquele que dá amizade – esse sentimento maravilhoso – é rico em amigos...

Mesmo desencarnado há tanto tempo, Daniel, ao revelar sua história a Antônio Carlos, emocionou-se ao relembrar, agradecido, as visitas que recebia: "Como é importante para os internos de orfanatos receber essas atenções e carinhos! Hoje, depois de tantos anos, sou grato

* Veja no final deste volume mais informações sobre este livro. (N.E.)

a essas pessoas que trocaram suas horas de lazer para dedicar-se ao próximo e alegrá-lo. Que bem que fazem!".

Lembre-se sempre, prezada leitora, que a gratidão, esse sentimento tão forte, inunda a alma benemérita que é capaz de ir ao encontro do seu semelhante, interessada apenas em amenizar sua dor... Muita paz!

violência

Casei-me apaixonada, meu marido sempre foi violento. Depois de meses de casados, passou a me bater. Tem ciúme doentio, sem motivos, pois sou honesta e sincera. Já levei surras de ficar machucada. Tenho dois filhos pequenos. Tenho de agüentá-lo? É meu carma?

L. A., Diadema/SP

O CASAMENTO É A UNIÃO DE DUAS PESSOAS que desejam constituir um lar e encontrar a felicidade. Essa felicidade é uma conquista e você está diante de uma prova que exige toda sua boa vontade e esforço para ser vencida.

É preciso ajudar seu marido, conversar francamente com ele. Exponha seus sentimentos: peça que se comporte de acordo com a responsabilidade que assumiu ao constituir família. Explique a ele que você e seus filhos estão sofrendo e que não há nenhum motivo para ele continuar agindo assim. Seja sincera, fale sobre a possibilidade de separação. Quem sabe, temendo distanciar-se de vocês, seu marido mude de atitude.

Ajude-o a entender que ele precisa, com urgência, submeter-se a uma terapia para superar suas dificuldades psicológicas. Em muitos casos, pessoas nessas condições são aconselhadas a participar de grupos de terapia intensiva, onde se conscientizam do prejuízo que causam a si mesmas.

Convide-o a acompanhá-la ao culto religioso que freqüenta – a oração vai ajudá-los a recompor sua vida íntima e familiar. Se você não participa de nenhuma atividade religiosa, procure um centro espírita. Lá encontrará o apoio espiritual de que tanto necessita para vencer suas dificuldades.

Não acredito que seu marido seja seu carma – no original, em sânscrito, *karman*, significa as ações dos homens e suas conseqüências ou as *reações* provocadas por nossos atos. O Espiritismo nos recomenda a prática do bem, para sermos bons. Além disso, anulamos o efeito nocivo de nossas más ações praticando a caridade. Não há nenhuma razão para alguém ser agredido diante dos filhos.

Seu marido precisa aprender a controlar as emoções – você está ao lado dele para ajudá-lo nesse aprendizado, se ele assim o permitir. Se depois de todo o seu esforço ele ainda continuar violento, em minha opinião você deve separar-se.

Entenda na separação uma medida preventiva para evitar um mal maior. O capítulo 22 de *O Evangelho Segundo o Espiritismo**, de Allan Kardec, revela que "o divórcio é uma lei humana que tem por objetivo

* Veja no final deste volume mais informações sobre este livro. (N.E.)

separar legalmente o que de fato já está separado". Se a atitude dele a levar à separação, faça o possível para tê-lo como um amigo. Quem sabe, assim, você e seus filhos possam relacionar-se melhor com ele, evitando o constrangimento a que hoje estão submetidos. Que Deus a proteja e a ilumine.

Estou assustado com tanta violência. Já fui assaltado duas vezes, sendo que na última fiquei sob a mira de um revólver. Como entender tudo isso?

R. A., SÃO PAULO/SP

A VIOLÊNCIA SEMPRE FOI UMA CONSTANTE NA história da humanidade. Desde épocas remotas, os historiadores assinalam uma sucessão infindável de crueldades perpetradas pelo homem. As facilidades dos meios de comunicação permitem que hoje a violência seja mais divulgada, impressionando as almas sensíveis.

Mesmo antes de Jesus e também depois dele, espíritos de grande evolução moral encarnaram na Terra para nos ensinar a amar a Deus, a nós mesmos e ao próximo. Infelizmente, foram poucos aqueles que seguiram esses ensinamentos, entendendo que somos todos irmãos. A causa principal da violência deve-se, portanto, à ausência do amor. Acredito que, enquanto não nos amarmos de verdade, essa realidade não vai mudar.

Entendo a aflição que passou ao enfrentar pessoas tão violentas. Devemos, no entanto, repelir o erro, não aquele que errou. Os violentos merecem de nossa parte sérias considerações à luz do *Evangelho*. Aqueles que roubam estão longe de entender que desobedecem às leis divinas, seja cauteloso diante deles. Não se detenha nos relatos de violência, tão comuns na mídia. Veja naqueles que a praticam almas ainda presas ao egoísmo e que, fatalmente, um dia serão punidas pela reação de seus próprios atos... Não permita que o medo e a perturbação tomem conta de seu coração. Persevere no bem, na leitura do *Evangelho*, exemplifique os ensinamentos de Jesus e seja feliz.

Ao terminar a leitura deste livro, talvez você tenha ficado com algumas dúvidas e perguntas a fazer, o que é um bom sinal. Sinal de que está em busca de explicações para a vida. Todas as respostas que você precisa estão nas Obras Básicas de Allan Kardec.

Se você gostou deste livro, o que acha de fazer com que outras pessoas venham a conhecê-lo também? Poderia comentá-lo com aquelas do seu relacionamento, dar de presente a alguém que talvez esteja precisando ou até mesmo emprestar àquele que não tem condições de comprá-lo. O importante é a divulgação da boa leitura, principalmente a da literatura espírita. Entre nessa corrente!

Sucessos de Vera Lúcia Marinzeck

Ah, se eu pudesse voltar no tempo!

Do Espírito Antônio Carlos

O mundo das drogas, as influências espirituais e seus perigos, um verdadeiro alerta da espiritualidade. Histórias impressionantes reveladas pelos próprios espíritos que se entregaram às drogas em sua última encarnação.

O céu pode esperar

Romance do Espírito Antônio Carlos

O filho de Pedro é vítima de uma doença fatal, sua filha está grávida e sua esposa apaixonada por outro homem. Pedro deseja morrer. Sentindo-se só e sem razão para viver, vai arriscar sua vida para ajudar o próximo, sem temer a morte que tanto deseja...

Conforto espiritual

Perda de entes queridos, obsessão, dependência química, eutanásia, suicídio, aborto, doenças, depressão, desencarnação, assédio sexual, infidelidade, deficiência mental são alguns dos temas deste livro.

O sonâmbulo

Romance do Espírito Antônio Carlos

Vítimas da violência, mulheres indefesas perdem a vida nas mãos de um cruel e insaciável assassino. Daniel, que é Nic, o sonâmbulo, tem medo de dormir. Durante a noite, uma força estranha toma conta do seu corpo – e tudo pode acontecer...

Morri! E agora?

Com explicações do Espírito Antônio Carlos

Diversos espíritos descrevem sua passagem para o outro lado da vida, narrando suas experiências depois da morte do corpo físico. "Morri! E agora? Onde estou? Para onde vou? Com quem vou viver?"

Leia e recomende!
À venda nas livrarias espíritas e não-espíritas

Romances de Antônio Carlos

Psicografados por Vera Lúcia Marinzeck de Carvalho

Morri! E agora?

Diversos espíritos descrevem sua passagem para o outro lado da vida. Morri! E agora? Onde estou? Na realidade, a maioria dos encarnados não se preocupa com essa inevitável transferência de plano – motivo pelo qual o Espírito Antônio Carlos reuniu tão expressivos depoimentos.

Filho adotivo

Dois irmãos são dados para adoção ainda crianças. Já adultos, voltam a se encontrar e começam a namorar. Como a espiritualidade os ajudará? Não deixe de conhecer essa história repleta de surpresas.

Muitos são os chamados

Marcos, jovem médico recém-formado, vê em sua profissão apenas um meio de ganhar dinheiro e ignora totalmente os apelos da espiritualidade na ajuda aos mais necessitados. Mas, um dia, perceberá seu erro...

Reconciliação

Narrativa esclarecedora e envolvente. Tudo começa com um duplo assassinato, o pai matando a facadas o filho e a própria esposa. Depois, uma lição maravilhosa de perdão e reconciliação. Se você gosta de um belo romance, não pode deixar de ler este livro.

Reparando erros de vidas passadas

Conheça a história de dois médicos que em encarnações passadas fizeram experiências científicas com seres humanos e assumiram assim inúmeros débitos. Um livro fascinante!

Leia e recomende!

À venda nas boas livrarias espíritas e não-espíritas

Livros da Patrícia

Best-seller

Violetas na janela

O livro espírita de maior sucesso dos últimos tempos – mais de um milhão de exemplares vendidos! Você também vai se emocionar com este livro incrível. Patrícia – que desencarnou aos 19 anos – escreve do outro lado da vida, desvendando os mistérios do mundo espiritual.

Vivendo no mundo dos espíritos

Depois de nos deslumbrar com *Violetas na janela*, Patrícia nos leva a conhecer um pouco mais do mundo dos espíritos, as colônias, os postos de socorro, o umbral e muito mais informações que descobrimos acompanhando-a nessa incrível viagem.

A casa do escritor

Patrícia, neste livro, leva-nos a conhecer uma colônia muito especial: A Casa do Escritor. Nesta colônia estudam espíritos que são preparados para, no futuro, serem médiuns ou escritores. Mostra-nos ainda a grande influência dos espíritos sobre os escritores.

O vôo da gaivota

Nesta história, Patrícia nos mostra o triste destino daqueles que se envolvem no trágico mundo das drogas, do suicídio e dos vícios em geral. Retrata também o poder do amor em benefício dos que sofrem.

Leia e divulgue!
À venda nas boas livrarias espíritas e não-espíritas

Psicografados por Vera Lúcia Marinzeck de Carvalho

Livros de Alceu Costa Filho

Nas margens do grande rio
Romance do Espírito Xisto Vinheiros
Anselmo e Eulália vivem às margens do Rio Araguaia. Na fazenda, espíritos conspiram com perversas intenções de vingança.

Entre amigos
Ditado pelo Espírito Filipe
No plano invisível do centro espírita, acontecimentos envolvem os que ali se encontram, beneficiados pelo trabalho de espíritos benfeitores.

Ao entardecer de uma existência
Ditado pelo Espírito Cornélio Pires
Sentindo-se abandonado e inútil, Francisco vive de recordações. Um visitante espírita, Luiz, vai ganhar sua amizade e auxiliá-lo a mudar sua vida.

À sombra da luz
Ditado pelo Espírito Filipe
O Espírito Filipe e seus caravaneiros instalam, na tenebrosa região dominada por Ponciano, um posto avançado, o "Luz", para socorrer almas arrependidas.

Uma flor do nosso jardim
Romance do Espírito Nina Arueira
Celina, órfã, está sozinha na casa que herdou. Procurando ajudá-la, um espírito a acompanha...

Do amor nasce o perdão
Romance do Espírito Xisto Vinheiros
Depois de várias encarnações, unidos pela ambição, Getúlio e Sérgio lutam contra os desafetos do passado.

O diário de Sofia
Narrado pelo Espírito Nina Arueira
Entre a vida e a morte, Sofia vive uma experiência fantástica. Hospitalizada, em coma, ela vai adentrar a uma nova realidade: a vida espiritual.

Leia e recomende!
À venda nas livrarias espíritas e não-espíritas